民法典护航乡村振兴丛书

民法典与乡村产业振兴

张力 主编

西南大学出版社
国家一级出版社 全国百佳图书出版单位

图书在版编目(CIP)数据

民法典与乡村产业振兴 / 张力主编. -- 重庆 : 西南大学出版社, 2023.4
(民法典护航乡村振兴丛书)
ISBN 978-7-5697-1794-5

Ⅰ. ①民… Ⅱ. ①张… Ⅲ. ①农业法－研究－中国 Ⅳ. ①D922.44

中国国家版本馆CIP数据核字(2023)第076827号

民法典与乡村产业振兴

MINFADIAN YU XIANGCUN CHANYE ZHENXING

主　　编：张　力

编　　写：程　敏　江　莉　潘瑶桦　曹新舒　张　力

责任编辑：周明琼

责任校对：路兰香

装帧设计：起源

排　　版：夏　洁

出版发行：西南大学出版社

地址：重庆市北碚区天生路2号

邮编：400715

市场营销部电话：023-68868624

印　　刷：重庆华林天美印务有限公司

幅面尺寸：148mm×210mm

印　　张：4.875

字　　数：98千字

版　　次：2023年4月 第1版

印　　次：2023年11月 第2次印刷

书　　号：ISBN 978-7-5697-1794-5

定　　价：19.80元

丛书编委会

杨青贵　西南政法大学经济法学院副教授
陈耿华　西南政法大学经济法学院副教授
杨　皕　重庆师范大学马克思主义学院副教授
胡　涛　北京市京师(武汉)律师事务所主任
付庆刚　北京市京师(成都)律师事务所主任
李　豪　北京市京师(西安)律师事务所主任
卜传武　北京市京师(昆明)律师事务所主任
左胜高　北京市京师(珠海)律师事务所主任
柳向魁　北京市京师(无锡)律师事务所主任
刘宏辉　北京市京师(杭州)律师事务所主任
孙　勇　北京市京师(合肥)律师事务所主任
黄文忠　北京市京师(中山)律师事务所执行主任
唐菊雄　北京市京师(长沙)律师事务所主任
陈旭民　北京市京师(深圳)律师事务所主任
董必成　北京市京师(银川)律师事务所主任
张国娟　北京市京师(太原)律师事务所主任
杨嘉文　北京市京师(泉州)律师事务所主任

序言

“民族要复兴，乡村必振兴。”党的十九大报告首次提出实施乡村振兴战略。2023年，《中共中央 国务院关于做好2023年全面推进乡村振兴重点工作的意见》更是明确提出举全党全社会之力全面推进乡村振兴。乡村振兴战略的顺利实施必须符合法治精神，获得法治保障。

2021年1月1日《中华人民共和国民法典》正式实施，作为中华人民共和国成立以来第一部以“法典”命名的法律，其在乡村振兴战略实施中发挥着固根本、稳预期、利长远的基础性法律治理功能，其中许多规定是对乡村振兴关键环节与主要任务的重要制度保障，这主要包括：第一，通过确认和保护农民及相关农业经营组织的主体资格，创新农村集体经济组织的“特别法人”地位等，积极引导相关主体有序参与现代农村产业活动；第二，维护与现代乡村产业模式相适应的产权体系，为农村土地资产的有序盘活、农村投融资渠道的有效扩大提供保障，提高农民在土地上的财产安全感、获得感；第三，通过全面规定农民的人格权与婚姻家庭权，系统保障农村居民与农业生产者人身自由与人格尊严，借助“优良家风”条款等提升农村家庭文明建设水平等；第四，通过“绿色原则”等保护农村生态环境，守护农村绿水青山，促进美丽乡村建设。

《中华人民共和国民法典》为乡村振兴带来的保障作用，必须借助乡村振兴的建设者与参与者的具体实践方能有效发挥。基于前期面向农业、农村、农民开展的普法宣讲、社会调研及法律援助所积累的经验及认识，同时基于对当前乡村振兴主要方面与关键任务中法治痛点、难点的系统梳理，我们为农业经营主体、农村产权主体、农村生活主体、农村基层治理主体等乡村振兴的建设者与参与者，编写了这套“民法典护航乡村振兴丛书”。对应农业、农村、农民之“三农”，丛书分为：《民法典与乡村产业振兴》《民法典与美丽乡村建设》《民法典与农民权益保障》。

《民法典与乡村产业振兴》的内容由经营主体确认、生产资料配置、产业经营活动开展的法律保障三部分构成，重点阐释农村承包经营户、农村集体经济组织、个体工商户等农业生产经营主体的权利边界与义务类型，解读农村承包地、集体经营性建设用地、宅基地等的取得条件、流转限制等，同时对现代农村产业化经营活动中的合同缔结、合同履行、违约责任等的法律风险点进行类型化梳理，提供相应的问题解决方案。

《民法典与美丽乡村建设》的内容由保护乡村土地环境、发展乡村精神文明与建设美丽乡村的法律保障三部分构成，重点阐释如何保障农村土地安全，贯彻“绿色原则”，保护农村绿水青山；如何法治化地巩固与发展乡村精神文明，推动移风易俗，树立文明乡风，颂扬乡村美德；如何明晰合作社组织制度，保障乡村土地有序利用，使乡村发展与环境美丽相得益彰。

《民法典与农民权益保障》从农民人身权益、财产权益及婚姻家庭权益的法律保障三方面入手，选取贴近农民日常生活的典型案例，涵盖子女抚养、老人赡养、夫妻相处等重要家庭场景，以及农民进城务工、商品房买卖、借款、赠与等现代农民生活中的重要问题，帮助农民明白法律是如何规定与保护其重要人身权利等的，引导其反思如何利用法律工具解决利益相关问题。

总之，丛书力求通过典型案例呈现、法条链接引导、疑难问题解答等方式，用百姓听得懂、学得会的语言解析我国民法典与“三农”问题的重要联系点，同时宣扬传统美德、社会公德、家庭美德，使法律和道德形成合力，为乡村振兴提供法治护航的具体途径与运用方法。

丛书编写得到了西南政法大学民法典宣讲团各位专家学者的悉心指导，西南大学出版社对丛书的出版给予了大力支持，值此丛书出版之际，谨向各方表示深深的谢意。

是为序。

张力

2023年2月

目录

第一篇　乡村产业振兴中的商事主体

1. 农村承包经营户从事农业生产需要营业执照吗？ /3
2. 农民可以以个人名义取得土地承包经营权吗？ /4
3. 土地承包经营权人流转土地经营权须经村委会同意吗？ /5
4. 村民小组可以成为集体土地的所有权主体吗？ /6
5. 村委会可以代替农村集体经济组织管理农村集体资产吗？ /8
6. 家庭承包中，承包方案可以不经集体成员的表决通过吗？ /9
7. 农村集体经济组织以外的人可以接受流转的承包并经营吗？ /11
8. 农村集体经济组织负责人做出决议损害集体成员合法权益应该怎么办？ /13
9. 发包方可以因负责人的变动而变更或者解除承包合同吗？ /14
10. 承包方转让土地承包经营权时，只需要向发包方备案吗？ /16
11. 发包方可以强制农户改变土地种植作物的种类或者经营方式吗？ /17
12. 妇女出嫁后还能继续承包本村的土地吗？ /19

13 城镇居民能租赁农村闲置住宅发展农家乐吗？ / 20
14 子女可以继承父母的土地承包经营权吗？ / 22
15 农民进城落户需要退出土地承包经营权吗？ / 23
16 电子商务经营者都要办理市场主体登记吗？ / 24
17 可以通过租赁捕捞许可证从事捕捞作业吗？ / 26
18 草原承包户在承包的草原上放牧牲畜有数量、区域限制吗？ / 27
19 承包户可以在自己承包的草原上修建牲畜圈舍等相关畜牧业生产服务的工程设施吗？ / 29
20 水产养殖可否自行划定水域无证养殖？ / 30
21 从事种子生产经营必须取得许可证吗？ / 32
22 可以无证采伐自己家的林地上的树木吗？ / 33
23 原自留山户主因造林失败,后被其他农户造林种果经营的,应如何确权登记发证？ / 34
24 农户在自留山四至以外扩大的竹林或营造的其他林果茶,其权属归谁？ / 36
25 在乡镇集市摆摊需要注册为个体工商户吗？ / 37
26 个体工商户从事农业生产经营需要缴纳个人所得税吗？ / 38
27 个体工商户欠的债谁来还？ / 40
28 农民专业合作社可以吸收公众存款用于生产经营吗？ / 41
29 农民专业合作社歇业两年以上还能继续开展经营吗？ / 43

第二篇　乡村产业振兴中的生产资料

1 土地承包经营权流转必须要登记吗？ / 47

2 取得土地经营权要登记吗？ / 48

3 能以土地经营权向金融机构融资吗？ / 49

4 农户能以土地经营权入股吗？ / 51

5 土地所有权可以抵押吗？ / 52

6 农村宅基地使用权和农民住房可以抵押吗？ / 54

7 乡镇、村企业的建设用地使用权可以单独抵押吗？ / 55

8 农业生产经营者可以将生产设备、原材料等一并抵押给银行融资吗？ / 56

9 租赁农机后农机被抵押对租赁关系有影响吗？ / 58

10 集体经营性建设用地入市可能吗？ / 59

11 以集体所有土地使用权抵押，抵押权实现后能改变土地所有权的性质和用途吗？ / 61

12 集体企业的集体建设用地使用权被抵押后新加盖的办公大楼属于抵押财产吗？ / 62

13 养殖场厂房被抵押后还能自由转让吗？ / 64

14 农村集体经济组织能以集体建设用地使用权出资与企业兴办合资企业吗？ / 66

15 附着于集体建设用地上的建筑物、构筑物及其附属设施必须一并处分吗？ / 68

16 土地承包经营权到期了怎么办？ / 69
17 承包方什么时候可以单方解除土地经营权流转合同？ / 70
18 为便于运输养殖副产品，养殖合作社可与农户设立通行地役权吗？ / 71
19 占用永久基本农田发展林果业可行吗？ / 73
20 占用耕地建设养殖场合法吗？ / 74
21 农村的自留山和责任山有什么区别？ / 76
22 自家住宅能开农家乐与民宿吗？ / 77
23 什么是“假种子”“劣种子”，买到这些种子该怎么办？ / 79
24 新研发的饲料可以直接投入生产使用吗？ / 80
25 自行配制的饲料能对外提供吗？ / 82
26 村委会可以购买农作物病虫害专业化防治服务吗？ / 83
27 农机产品由谁负责三包服务？ / 85

第三篇　乡村产业振兴中的商事经营

1 公司分立会对原先签订的合同产生影响吗？ / 89
2 “刷单”行为如何认定？ / 90
3 标价错误如何处理？ / 91
4 为提高竞争搞“假促销”可以吗？ / 92
5 受胁迫签订的合同是否有效？ / 94

6 合同无效、被撤销或确定不发生效力后，会产生什么法律后果？ / 95
7 长期合作者突然没了代理权，怎么办？ / 97
8 什么是不可抗力？因不可抗力解除合同是否违约？ / 98
9 违约责任和侵权责任发生竞合时怎么办？ / 99
10 订立合同可以采用哪些形式？ / 101
11 土地承包合同什么时候成立？ / 102
12 通过互联网平台网购农产品合同何时成立呢？ / 104
13 电子商务中的著作权问题如何处理？ / 105
14 什么是格式条款？有怎样的效力？ / 106
15 合同未成立也要承担责任吗？ / 108
16 合同没有约定如何履行或约定不明确，怎么办？ / 110
17 作为合同先履行一方，无论如何都要履行吗？ / 111
18 如何才能保全自己的债权？ / 113
19 货物提存成功，合同就算履行了吗？ / 115
20 如何约定定金？定金罚则如何适用？ / 116
21 迟延履行后发生不可抗力如何处理？ / 118
22 能不能任由损失扩大并让违约方赔偿所有损失？ / 119
23 因第三人的原因造成合同违约的，还要承担违约责任吗？ / 121
24 产品因质量问题被退回，途中风险谁承担？ / 122

25 电商平台购物货物毁损灭失风险何时转移呢？ / 124

26 对赠品的质量也要负责吗？ / 126

27 未及时检验货物质量瑕疵，还能要求出卖人担责吗？ / 127

28 分期付款不再支付，出卖人可以怎么做？ / 129

29 租来的农用机器能不能自行改装？ / 130

30 资金不足又不想抵押，还可以用什么方式购买农机？ / 132

31 定作人可以随时解除合同吗？ / 133

32 提供技术服务产生的创新成果归谁所有？ / 134

33 免费替人保管的物品损坏了，是否需要承担责任？ / 136

34 退伙时，合伙人投资款是否返还？ / 137

35 顾客在农家乐场所内因地面湿滑摔倒受伤，商家需要赔偿吗？ / 138

36 顾客在农家乐场所内就餐因第三人行为遭受损害，商家需要赔偿吗？ / 140

37 个人劳务提供者因工受伤，接受劳务者需要承担赔偿责任吗？ / 141

第一篇

乡村产业振兴中的商事主体

1 农村承包经营户从事农业生产需要营业执照吗？

村民赵大牛到同村村民牛大强开的一间杂货店消费时，得知牛大强的杂货店在行政机关进行了登记，取得了营业执照才开门经营，赵大牛便产生疑虑：自己是否也需要像牛大强那样取得营业执照才能在承包土地上开展土地承包经营活动呢？

法条指引 《中华人民共和国民法典》第五十四条　自然人从事工商业经营，经依法登记，为个体工商户。个体工商户可以起字号。

《中华人民共和国民法典》第五十五条　农村集体经济组织的成员，依法取得农村土地承包经营权，从事家庭承包经营的，为农村承包经营户。

《中华人民共和国民法典》第三百三十条第一款　农村集体经济组织实行家庭承包经营为基础、统分结合的双层经营体制。

问题解答 赵大牛是不需要像牛大强那样取得营业执照才能开展土地承包经营活动的。根据民法典的规定，牛大强开办的杂货店属于个体工商户，而赵大牛进行土地承包经营，属于农村承包经营户，二者区别在于：前者从事工商业经营，须经过登记方能取得营业执照，而后者主要从事的是农业生产，并非商事活动。对土地承包经营活动不设营业执照限制，有助于承包人减少烦琐程序的拖累，迅速投入生产经营，从而为乡村第一产业的快速发展开启绿灯，提高广大农民投身农业生产经营的积极性。

2 农民可以以个人名义取得土地承包经营权吗？

村民牛有才想要承包两亩土地种植果树，不过他的家人长期居住在外地，他一人独自居住在村中，请问他可以以自己的名义与本村集体经济组织签订承包合同承包土地吗？

法条指引 《中华人民共和国民法典》第五十五条　农村集体经济组织的成员，依法取得农村土地承包经营权，从事家庭承包经营的，为农村承包经营户。

《中华人民共和国农村土地承包法》第三条　国家实行农村土地承包经营制度。农村土地承包采取农村集体经济组织内部的家庭承包方式，不宜采取家庭承包方式的荒山、荒沟、荒丘、荒滩等农村土地，可以采取招标、拍卖、公开协商等方式承包。

问题解答 牛有才不能以个人名义，而需要以户的名义，才能与农村集体经济组织签订承包合同，取得土地承包经营权。在家庭承包的情况下，农户是交易活动的主体，其信用建立在家庭信用的基础上，发包方或交易相对一方也以农户家庭为对象，与其从事交易活动。土地承包经营权证书按户制作并颁发，农户也以户的财产履行义务、承担责任。因此，以户为经营单位符合培育和发展新型农业经营主体的要求，符合我国农村的实际情况，是政府对农业生产经营活动统筹与监管的基础性制度，能够确保承包地相关权利与责任的准确对接，从而维护农业经济稳定有序发展。

3 土地承包经营权人流转土地经营权须经村委会同意吗？

村民赵铁柱与某村村民委员会签订承包合同，约定由赵铁柱承包村集体所有的位于迎风坡的6亩土地。后赵铁柱因外出务工，无暇亲自经营管理土地，便将其承包的土地交由某农业公司耕种并收取租金。后某村村委会以土地经营权流转未经村委会同意为由主张土地经营权流转不发生法律效力。那么，赵铁柱将其承包的土地交由某农业公司耕种需要经过村委会同意吗？

法条指引 《中华人民共和国民法典》第三百三十九条 土地承包经营权人可以自主决定依法采取出租、入股或者其他方式向他人流转土地经营权。

《中华人民共和国农村土地承包法》第九条 承包方承包土地后，享有土地承包经营权，可以自己经营，也可以保留土地承包权，流转其承包地的土地经营权，由他人经营。

问题解答 不用。赵铁柱与所在村民委员会依法签订了承包合同，合同依法成立并生效，他对承包的6亩集体土地依法享有占有、使用、收益的权利。在承包合同约定的承包期内，赵铁柱作为承包地经营权人，自己不愿亲自经营管理土地的，可以自愿采取出租等方式将土地经营权流转给他人。该土地经营权流转行为并不违反法律、行政法规规定，为有效的民事法律行为。

4 村民小组可以成为集体土地的所有权主体吗？

某村第五村民小组，在其土地被征收后发现，政府在征收他们小组的土地时，根本没有告知，而是由村委会完全代表了他们。他们后来进一步发现他们村民小组的这1000多亩土地的土地所有权证书中"土地所有权人"竟然不是他们"第五村民小组农民集体"，而是"某村农民集体"。第五小组的村民便找村委会理论，却被告知他们不是土地集体所有权的主体。村民小组可以拥有对集体土地的所有权吗？

法条指引 《中华人民共和国民法典》第二百六十二条 对于集体所有的土地和森林、山岭、草原、荒地、滩涂等，依照下列规定行使所有权：

…………

（二）分别属于村内两个以上农民集体所有的，由村内各该集体经济组织或者村民小组依法代表集体行使所有权。

…………

问题解答 村民小组依法可成为农民集体土地所有权的主体。"三级所有，队为基础"是我国广大农村在长期社会主义实践中形成的农民集体所有土地的基本形式，村民小组享有集体土地所有权得到了《中华人民共和国民法典》第二百六十二条的认可。村民小组土地的所有权人只能是村民小组农民集体，所有权证书上确定为某村农民集体是错误的，村民小组可以请求人民法院撤销该土地所有权证书，向当地国土局重新申请确权。

5 村委会可以代替农村集体经济组织管理农村集体资产吗？

某村长期以来由村委会管理本村的耕地、灌溉设施等集体资产，形成了系统的管理台账，后来因经济发展，该村成立了股份合作社，依法取得农村集体经济组织法人资格，股份合作社成立后，可以请求查阅村委会的管理台账并行使对农村集体资产的所有权吗？

法条指引 《中华人民共和国民法典》第九十九条　农村集体经济组织依法取得法人资格。法律、行政法规对农村集体经济组织有规定的，依照其规定。

《中华人民共和国民法典》第一百零一条　居民委员会、村民委员会具有基层群众性自治组织法人资格，可以从事为履行职能所需要的民事活动。未设立村集体经济组织的，村民委员会可以依法代行村集体经济组织的职能。

问题解答 股份合作社可以依法代表集体行使所有权。没有成立农村集体经济组织时，村委会可以代行农村集体经济组织的职能，但这种混合式的职权配置可能导致少数村委会干部的腐败问题，引发集体资产流失，不利于农村集体经济长远发展。《中华人民共和国民法典》赋予了农村集体经济组织法人资格，而村委会具有基层群众性自治组织法人资格，两种法人资格互不相同，因此农村集体经济组织成立之后，村委会与农村集体经济组织原则上应当相分离，村委会承担公共服务功能，农村集体经济组织承担集体资产管理方面的功能，二者不能互相代替。

6 家庭承包中，承包方案可以不经集体成员的表决通过吗？

甲村的承包工作小组依照法律、法规的规定拟订并公布了承包方案，本村农户黄大天在看过公布的承包方案后，认为自家开展农业生产获得的各项条件早已经具备，便急于签订土地承包合同。甲村是否可以不召开本集体经济组织成员的村民会议就承包方案进行表决，直接依据该承包方案与本村农户黄大天签订承包合同呢？

法条指引 《中华人民共和国民法典》第二百六十一条第二款 下列事项应当依照法定程序经本集体成员决定：

（一）土地承包方案以及将土地发包给本集体以外的组织或者个人承包。

…………

《中华人民共和国农村土地承包法》第十九条　土地承包应当遵循以下原则：

（一）按照规定统一组织承包时，本集体经济组织成员依法平等地行使承包土地的权利，也可以自愿放弃承包土地的权利；

（二）民主协商，公平合理；

（三）承包方案应当按照本法第十三条的规定，依法经本集体经济组织成员的村民会议三分之二以上成员或者三分之二以上村民代表的同意；

（四）承包程序合法。

《中华人民共和国农村土地承包法》第二十条　土地承包应当按照以下程序进行：

（一）本集体经济组织成员的村民会议选举产生承包工作小组；

（二）承包工作小组依照法律、法规的规定拟订并公布承包方案；

（三）依法召开本集体经济组织成员的村民会议，讨论通过承包方案；

（四）公开组织实施承包方案；

（五）签订承包合同。

问题解答

甲村不可以直接依据公布的承包方案与本村农户黄大天签订承包合同，其必须召开本集体经济组织成员的村民会议就承包方案进行表决通过。家庭承包本质上是为保障农村集体经济组织成员生活而具有福利性的农村土地经营方式，因此需要严格遵守承包程序发包，防止侵害农村集体经济组织成员的利益。并且，乡村治理有效是乡村振兴的前提，对承包方案进行表决属于乡村基层治理机制的重要环节，是形成民主协商、公众参与、法治保障的现代化乡村治理体系的必然要求。因而，不能不经过承包方案的表决程序就签订承包合同。

7 农村集体经济组织以外的人可以接受流转的承包并经营吗？

甲村王小四家承包了本村7亩土地，耕作五年，收成一直不佳，乙村农业企业兴农公司的专家到甲村考察时，发现王小四家承包的土地很有潜力，但他家因农业经营方式落后，没有进行规模化经营，土地利用效率不高。因此建议王小四家与某公司签订合同，由某公司经营王小四家的承包地。王小四家可以将承包地流转给本集体经济组织以外的人经营吗？

法条指引 《中华人民共和国民法典》第三百三十九条　土地承包经营权人可以自主决定依法采取出租、入股或者其他方式向他人流转土地经营权。

《中华人民共和国农村土地承包法》第三十四条　经发包方同意，承包方可以将全部或者部分的土地承包经营权转让给本集体经济组织的其他农户，由该农户同发包方确立新的承包关系，原承包方与发包方在该土地上的承包关系即行终止。

《中华人民共和国农村土地承包法》第三十六条　承包方可以自主决定依法采取出租（转包）、入股或者其他方式向他人流转土地经营权，并向发包方备案。

问题解答　王小四家可以将承包地流转给本集体经济组织以外的人经营，但只能流转其土地经营权而不能流转土地承包权。土地承包权有严格的身份属性，仅本集体经济组织成员才能取得和保有。如果承包方想将承包地交由本集体经济组织以外的主体经营，可以向外流转土地经营权，自己保留土地承包权。近年来，农村大量用于农业生产的土地细碎化分布，整体利用率不高，加之第二产业零散化、技术普及率低等因素，农业生产经济效益偏低。土地流转能够实现农业适度规模化经营，促进农村第一产业与第二产业的集成与融合发展，助推实现乡村振兴。

8 农村集体经济组织负责人做出决议损害集体成员合法权益应该怎么办?

某村集体经济组织股份合作社开办有一家养殖场，该场注册资本100万元，均由股份合作社出资。养殖场在经营过程中规模不断扩大，渐有名气。经有关部门评估，养殖场净资产达到1000万元。该村集体经济组织负责人的舅舅黄大发相中了该养殖场，欲出资购买养殖场。该村集体经济组织负责人与股份合作社主要领导共同协商后，以500万元的价格卖给了黄大发。卖养殖场的信息传出后，集体成员们对此意见很大，纷纷找到该村集体经济组织负责人讨说法，他们应该怎么办呢?

法条指引 《中华人民共和国民法典》第二百六十一条第二款 下列事项应当依照法定程序经本集体成员决定：

…………

(四)集体出资的企业的所有权变动等事项；

…………

《中华人民共和国民法典》第二百六十五条 集体所有的财产受法律保护，禁止任何组织或者个人侵占、哄抢、私分、破坏。

农村集体经济组织、村民委员会或者其负责人作出的决定侵害集体成员合法权益的，受侵害的集体成员可以请求人民法院予以撤销。

问题解答 集体成员可以请求人民法院撤销该村集体经济组织负责人出让养殖场的民事法律行为。该村集体经济组织负责人私自将属于集体所有的养殖场低价出卖，不仅有违《中华人民共和国民法典》第二百六十一条规定的农民集体所有财产归属及重大事项应当集体决定的法定程序，也在变相帮助他人侵占集体所有的财产，实质性损害了本集体经济组织成员的利益，因此根据《中华人民共和国民法典》第二百六十五条，集体成员可以到人民法院起诉，请求撤销该村集体经济组织负责人与黄大发之间签订的买卖合同，人民法院撤销合同后，集体成员便可以请求黄大发返还养殖场。

9 发包方可以因负责人的变动而变更或者解除承包合同吗？

钱小牛家两年前承包了村中2亩耕地种植经济作物，眼看收获时节即将到来，却被村委会告知交回承包土地，理由是村委会换了新的村主任，钱小牛与村集体经济组织两年前签订的土地承包合同应当自动解除。村委会的理由合法吗？

法条指引 《中华人民共和国民法典》第一百一十九条 依法成立的合同,对当事人具有法律约束力。

《中华人民共和国民法典》第四百六十五条第一款 依法成立的合同,受法律保护。

《中华人民共和国民法典》第五百六十三条 有下列情形之一的,当事人可以解除合同:

(一)因不可抗力致使不能实现合同目的;

(二)在履行期限届满前,当事人一方明确表示或者以自己的行为表明不履行主要债务;

(三)当事人一方迟延履行主要债务,经催告后在合理期限内仍未履行;

(四)当事人一方迟延履行债务或者有其他违约行为致使不能实现合同目的;

(五)法律规定的其他情形。

以持续履行的债务为内容的不定期合同,当事人可以随时解除合同,但是应当在合理期限之前通知对方。

《中华人民共和国农村土地承包法》第二十五条 承包合同生效后,发包方不得因承办人或者负责人的变动而变更或者解除,也不得因集体经济组织的分立或者合并而变更或者解除。

问题解答 村委会的理由不合法,发包方不得以负责人的变动而变更或者解除合同。村委会主任或者家庭成员不是合同的双方主体,作为发包方代表的村委会主任发生变更或者家庭成员死亡、户口迁出都不属于合同解除的法定事由。若允许这种情况下解除合同,会导致承包方对土地多年的投入与经营因合同的不正当解除而毁于一旦。乡村产业具有周期长、收益慢的发展特点,在承包合同的履行问题上,要坚持民法典确立的“合同严守”原则,不轻易解除承包合同或者否定承包合同的效力,从而维系土地承包关系的长久和稳定,保证承包方安心稳定地从事农业生产经营。

10 承包方转让土地承包经营权时,只需要向发包方备案吗?

甲村黄富贵承包了本村10亩土地,耕作5年,收成一直不佳。同村的黄有才是本地农业大户,通过引进先进农业技术,在自己承包的土地上取得了较好收益。黄有才发现黄富贵承包的土地很有潜力,痛惜黄富贵家因农业经营方式落后,没有做到因地制宜而浪费了如此良好的土地,因此想与他家签订土地承包经营权转让合同,由自己进行承包。黄有才找到黄富贵说明来意,黄富贵表示愿意转让土地承包经营权,他们两家之间的转让只需要向发包方备案吗?

法条指引 《中华人民共和国农村土地承包法》第三十四条 经发包方同意，承包方可以将全部或者部分的土地承包经营权转让给本集体经济组织的其他农户，由该农户同发包方确立新的承包关系，原承包方与发包方在该土地上的承包关系即行终止。

问题解答 黄富贵向黄有才转让土地承包经营权应当经过发包方同意，而不是只向发包方备案。将土地承包经营权向本集体经济组织之外的农户转让，受让方是否符合法律规定的主体资格，是否具有承包经营的能力，直接关系到承包后农业产业能否顺利走上预期发展轨道。因此，转让土地承包经营权，经发包方同意是必要的"防火墙"的一环，防止工商资本"跑马圈地"，防止钻政策和管理的空子，防止侵害农村集体产权、侵犯农民利益。不能"资本下乡，农民下岗""富了老板，穷了老乡"。

11 发包方可以强制农户改变土地种植作物的种类或者经营方式吗？

村民牛大强家的承包地一直种植的是玉米，但最近发包方甲村为发展"葡萄美酒名村"项目，要求本村所有土地承包户将承包土地中的农作物全部改种为葡萄。发包方甲村可以强制牛大强家将土地上的作物改种为葡萄吗?

法条指引 《中华人民共和国民法典》第五条　民事主体从事民事活动,应当遵循自愿原则,按照自己的意思设立、变更、终止民事法律关系。

《中华人民共和国农村土地承包法》第十五条　发包方承担下列义务:

…………

(二)尊重承包方的生产经营自主权,不得干涉承包方依法进行正常的生产经营活动;

…………

《中华人民共和国农村土地承包法》第十七条　承包方享有下列权利:

(一)依法享有承包地使用、收益的权利,有权自主组织生产经营和处置产品。

…………

问题解答 发包方甲村不得强迫农户牛大强改变土地种植作物的种类或者经营方式。承包方享有自主经营权,与之相对应的,发包方负有尊重承包方的生产经营自主权的义务,即不得干涉承包方依法进行正常的生产经营活动。实践中某些地区为搞“特色村寨”,强迫农户种植限定的作物,或者为满足土地的规模化利用而强迫农户“反租倒包”。发包方的这些行为本质上都是侵害农户经营自主权的行为。乡村产业振兴不能刻意追求某种模式，应当避免产业单一化，实现多业并举，从而充分、均衡利用乡村资源，以多元化的乡村经济满足多样化的市场需求，降低市场风险和自然风险。

12 妇女出嫁后还能继续承包本村的土地吗？

甲村姑娘赵翠花嫁到了15公里之外的乙村。赵翠花本来在村里承包经营了1亩的土地。现在村民们就赵翠花是否还能继续承包经营这1亩地展开了激烈讨论。有村民认为她出嫁到了外村，就丧失了在本村承包经营土地的权利。赵翠花出嫁后还能继续承包本村的土地吗？

法条指引 《中华人民共和国农村土地承包法》第六条　农村土地承包，妇女与男子享有平等的权利。承包中应当保护妇女的合法权益，任何组织和个人不得剥夺、侵害妇女应当享有的土地承包经营权。

《中华人民共和国农村土地承包法》第三十一条　承包期内，妇女结婚，在新居住地未取得承包地的，发包方不得收回其原承包地；妇女离婚或者丧偶，仍在原居住地生活或者不在原居住地生活但在新居住地未取得承包地的，发包方不得收回其原承包地。

问题解答 针对出嫁女赵翠花如今面临的这种情况，应该根据不同的情形进行相应的处理：一方面，如果赵翠花在新居住地乙村取得承包地，则甲村可以收回其原承包地；另一方面，如果赵翠花在乙村没有取得承包地，则甲村不得收回其原承包地，即赵翠花还可以继续承包经营甲村的土地。农村土地属农民集体所有，农村集体经济组织成员无论男女都享有平等的承包权利。依法保护、切实保护妇女在土地承包关系中的权益，有利于保障农村妇女集体从事农业生产经营的积极性，对发挥农民主体性、实现其在乡村振兴中的自主性和能动性意义重大。

13 城镇居民能租赁农村闲置住宅发展农家乐吗？

近些年，随着旅游业的快速发展，许多农民都做起了农家乐成为新农民，开启了脱贫致富的新征程。村民孙大富已经年过七旬，没有精力也没有经营农家乐的能力，但又不想错过此次机会。恰好此时孙大富的远房亲戚牛大强（城镇居民）想要开一家农家乐，于是二人经过商量，孙大富将自己的住宅租给牛大强发展农家乐，自己则跟随孩子一起生活。那么，孙大富能够将自己闲置的农村住宅租给城镇居民发展农家乐吗?

法条指引 《中华人民共和国民法典》第七百零五条

租赁期限不得超过二十年。超过二十年的，超过部分无效。

租赁期限届满，当事人可以续订租赁合同；但是，约定的租赁期限自续订之日起不得超过二十年。

问题解答 可以。根据我国法律的规定，法律禁止城镇居民到农村买房，但法律并不禁止农民将自己闲置的房屋租给城镇居民。只不过根据《中华人民共和国民法典》第七百零五条的规定，房屋租赁合同的期限自租赁合同订立时不能够超过二十年，超过二十年的部分为无效部分。因此，农村居民将农村房屋租赁给城镇居民开农家乐并不违反法律法规的禁止性规定，其为合法的自主利用行为。

14 子女可以继承父母的土地承包经营权吗？

黄大天在本村承包了20亩林地，他去世后，村委会拟收回该片承包地，此时他的儿子主张对他生前享有的土地承包经营权进行继承，要求继续承包该片林地。黄大天儿子的主张能够得到人民法院支持吗？

法条指引 《中华人民共和国民法典》第一千一百二十二条　遗产是自然人死亡时遗留的个人合法财产。

依照法律规定或者根据其性质不得继承的遗产，不得继承。

《中华人民共和国农村土地承包法》第三十二条　承包人应得的承包收益，依照继承法的规定继承。

林地承包的承包人死亡，其继承人可以在承包期内继续承包。

《最高人民法院关于审理涉及农村土地承包纠纷案件适用法律问题的解释》第三十三条　林地家庭承包中，承包方的继承人请求在承包期内继续承包的，应予支持。

其他方式承包中，承包方的继承人或者权利义务承受者请求在承包期内继续承包的，应予支持。

问题解答 黄大天的儿子可以继续承包该片林地。对于林地土地承包经营权和“四荒”土地的土地经营权，承认继承人有“继续承包”的权利，对于林地之外的土地承包经营权，只承认继承人对“承包收益”的继承权。这种做法符合乡村产业发展规律与现实情况：许多乡村产业具有生产周期长、投资见效慢的特点，一代人在第一产业上的相当一部分投资与努力，可能要到下一代人才能见到回报。因此允许承包地收益的继承以及林地土地承包经营权的继承，是维护乡村产业长期稳定有序发展、激活生产者投入第一产业从事农业生产经营活动的法律制度保障。

15 农民进城落户需要退出土地承包经营权吗？

王小毛家在5年前承包了5亩村中土地种植农作物，但收成不好，经济效益不高。王小毛听说城里就业岗位多，教育医疗等基础设施齐全，决定携全家进城务工、落户，但又担心进城落户需要交回承包经营的土地，没有退路可言。王小毛家如果进城落户，需要退出土地承包经营权吗？

法条指引 《中华人民共和国民法典》第三百三十七

条　承包期内发包人不得收回承包地。法律另有规定的，依照其规定。

《中华人民共和国农村土地承包法》第二十七条第二款　国家保护进城农户的土地承包经营权。不得以退出土地承包经营权作为农户进城落户的条件。

问题解答　王小毛进城落户，不需要以退出土地承包经营权为条件。一方面，我国现阶段正处于社会转型期，大量农民进城务工、落户。允许农民保留承包地，能够免除其后顾之忧，让农民进城务工落户有了定心丸，可以积极参与到城市建设和发展中去。另一方面是保障农民利益和农村稳定的需要。经济形势不断变化，城市就业岗位也不断变动，近几年不少进城务工人员因缺少合适工作机会而返乡。为进城务工、落户农民保留承包地，可以在其返乡时提供生活保障，促使其没有负担地、快速地重新投身乡村的第一、二、三产业的各个岗位上，从而有助于乡村产业的生产主体不断有“新鲜血液”注入。

16 电子商务经营者都要办理市场主体登记吗？

2020年之前，王小四和其他当地农民一样，守着自家几亩梨树和桃树，一到丰收季节就为销路发愁；2020年底，王小四接触到了电商，抱着试一试的心态，他申请加入了“淘宝”助农平台，开始在线上销售自家产的梨和桃子。那么，临时销售自家农产品的王小四需要按照法律规定办理市场主体登记吗？

法条指引 《中华人民共和国电子商务法》第十条 电子商务经营者应当依法办理市场主体登记。但是，个人销售自产农副产品、家庭手工业产品，个人利用自己的技能从事依法无须取得许可的便民劳务活动和零星小额交易活动，以及依照法律、行政法规不需要进行登记的除外。

问题解答 不需要。依照《中华人民共和国电子商务法》的规定，原则上电子商务经营者需要办理市场主体登记，但是个人销售自产农副产品、家庭手工业产品，个人利用自己的技能从事依法无须取得许可的便民劳务活动和零星小额交易活动无须办理市场主体登记。据此，并非所有的电子商务经营者都需要办理市场主体登记。但值得注意的是，针对农户销售农副产品以及家庭手工业产品情形，只有农户销售自产的农副产品、家庭手工业产品才可免于办理市场主体登记，如果农户销售收购而来的农副产品以及家庭手工业产品则不能免于办理市场主体登记。

17 可以通过租赁捕捞许可证从事捕捞作业吗?

辛村村民孙小富在农闲时期想要找份工作补贴家用，但未能如愿，辛村位于河流入海口，渔业资源丰富，孙小富便想从事捕捞作业，打鱼贩卖以增加收入，但他听说从事捕捞作业需要有捕捞许可证，便想从同村村民周大强处租赁捕捞许可证，孙小富可以通过租赁捕捞许可证从事捕捞作业吗?

法条指引 《中华人民共和国民法典》第一百五十三条　违反法律、行政法规的强制性规定的民事法律行为无效。但是，该强制性规定不导致该民事法律行为无效的除外。

违背公序良俗的民事法律行为无效。

《中华人民共和国渔业法》第四十三条　涂改、买卖、出租或者以其他形式转让捕捞许可证的，没收违法所得，吊销捕捞许可证，可以并处一万元以下的罚款；伪造、变造、买卖捕捞许可证，构成犯罪的，依法追究刑事责任。

问题解答 孙小富不得通过租赁捕捞许可证的方式从事捕捞作业。捕捞许可证具有专属性，如果允许随意涂改、买卖、出租或者以其他形式转让，将严重扰乱捕捞管理秩序，引发捕捞泛滥、非法捕捞等危害渔业资源的风险。因此，村民不得涂改、买卖、出租或者以其他形式转让捕捞许可证。村民希望在农闲时通过捕捞等另外的生产方式开展第一产业经营活动，其积极劳动创收的初心是好的，也是符合乡村产业多元化发展从而加强乡村经济抵御市场风险和自然风险能力的目标的。但是产业与市场的发展需要依法进行，未通过合法程序取得许可证而盲目开展第一产业的生产经营，会扰乱国土空间规划布局，可能对生态资源造成浪费甚至是破坏，以至于影响整个乡村产业振兴的全局稳定有序地推进。因此，广大村民一定要在符合准入制度的前提下从事生产活动。

18 草原承包户在承包的草原上放牧牲畜有数量、区域限制吗？

丁大牛家承包了本村20亩草原从事畜牧业生产经营活动，他见自己承包的草原草茂密、草质优良，拟引进若干头山羊进行放牧，他可以在自己承包的草原上放牧任意数量的山羊吗？

法条指引 《中华人民共和国民法典》第三百二十六

条　用益物权人行使权利，应当遵守法律有关保护和合理开发利用资源、保护生态环境的规定。所有权人不得干涉用益物权人行使权利。

《中华人民共和国草原法》第三十三条　草原承包经营者应当合理利用草原，不得超过草原行政主管部门核定的载畜量；草原承包经营者应当采取种植和储备饲草饲料、增加饲草饲料供应量、调剂处理牲畜、优化畜群结构、提高出栏率等措施，保持草畜平衡。

草原载畜量标准和草畜平衡管理办法由国务院草原行政主管部门规定。

《中华人民共和国草原法》第三十四条　牧区的草原承包经营者应当实行划区轮牧，合理配置畜群，均衡利用草原。

《中华人民共和国畜牧法》第五十三条　国家支持牧区转变草原畜牧业发展方式，加强草原水利、草原围栏、饲草料生产加工储备、牲畜圈舍、牧道等基础设施建设。

国家鼓励推行舍饲半舍饲圈养、季节性放牧、划区轮牧等饲养方式，合理配置畜群，保持草畜平衡。

问题解答　丁大牛不能在自己承包的草原上超载放牧，他应当合理利用草原。载畜量过多，会造成过度放牧，使草原退化，既不利于牲畜成长，也不利于畜牧业的持续发展。他也不能随意选择所承包草原的地点进行放牧，他应当实行划区轮牧，减少牧草浪费，提高载畜量，有利于改善牧草的产量和质量，可防止家畜寄生性蠕虫的传播，从而推动畜牧业绿色健康可持续地发展。不超载放牧、实行划区轮牧是贯彻民法典绿色原则的要求，是用益物权人保护和合理开发利用资源、保护生态环境的法律义务的具体体现，也是维护第一产业健康可持续发展的绿色畜牧发展模式。

19 承包户可以在自己承包的草原上修建牲畜圈舍等相关畜牧业生产服务的工程设施吗？

牛二宝家承包了一百亩草原后，拟引进数量庞大的山羊、奶牛等若干，因此他想在自己承包的草原上修筑牲畜圈舍、饮水设施等以容纳数量可观的牲畜群，他可以利用草原修建这些工程设施吗？

法条指引 《中华人民共和国草原法》第四十一条 在草原上修建直接为草原保护和畜牧业生产服务的工程设施，需要使用草原的，由县级以上人民政府草原行政主管部门批准；修筑其他工程，需要将草原转为非畜牧业生产用地的，必须依法办理建设用地审批手续。

前款所称直接为草原保护和畜牧业生产服务的工程设施，是指：

（一）生产、贮存草种和饲草饲料的设施；

（二）牲畜圈舍、配种点、剪毛点、药浴池、人畜饮水设施；

（三）科研、试验、示范基地；

（四）草原防火和灌溉设施。

问题解答 根据《中华人民共和国草原法》第四十一条之规定，牛二宝可以在草原上修建牲畜圈舍、饮水设施这样的直接服务于畜牧生产的工程设施。不过，他应当事先向县级以上人民政府草原行政主管部门申请，获得批准后才能开始修建，从而严格保护草原的用途，防止擅自利用草原进行非畜牧建设。

20 水产养殖可否自行划定水域无证养殖？

村民牛大宝见村中某自然湖泊水质良好且经常有人在该湖泊钓得肉质鲜美的食用鱼类，他便购买了一系列水产养殖设备，想要在该湖泊自行划定一块区域从事水产养殖，牛大宝可以这样做吗？

法条指引 《中华人民共和国民法典》第一百三十二

条　民事主体不得滥用民事权利损害国家利益、社会公共利益或者他人合法权益。

《中华人民共和国民法典》第二百五十条　森林、山岭、草原、荒地、滩涂等自然资源,属于国家所有,但是法律规定属于集体所有的除外。

《中华人民共和国渔业法》第十一条　国家对水域利用进行统一规划,确定可以用于养殖业的水域和滩涂。单位和个人使用国家规划确定用于养殖业的全民所有的水域、滩涂的,使用者应当向县级以上地方人民政府渔业行政主管部门提出申请,由本级人民政府核发养殖证,许可其使用该水域、滩涂从事养殖生产。核发养殖证的具体办法由国务院规定。

集体所有的或者全民所有由农业集体经济组织使用的水域、滩涂,可以由个人或者集体承包,从事养殖生产。

《中华人民共和国渔业法》第四十条第二款　未依法取得养殖证擅自在全民所有的水域从事养殖生产的,责令改正,补办养殖证或者限期拆除养殖设施。

问题解答　牛大宝不能自行划定一块区域从事水产养殖。在我国,天然湖泊等自然资源属于国家所有或者集体所有。牛大宝要想从事水产养殖,需要服从国家对水域利用进行的统一规划,并且他还应当申请养殖证,在取得养殖证后,还要与农业集体经济组织签订承包合同,承包指定水域后才能从事水产养殖。农民主体法治意识培育是法治乡村建设的关键一环,是乡村振兴战略取得全方位胜利的有效助力,为确保乡村产业合法合规发展，广大农业生产主体要积极学习法治知识，尽可能了解农业领域规章政策，依法有序开展生产经营活动。

21 从事种子生产经营必须取得许可证吗？

黄天宝曾是某种子公司的技术人员，后因该种子公司经营不善破产而下岗。回到农村老家后，他凭借自己在种子公司积累的技术经验，研发杂交玉米种子并在家向农户直接销售，自行从事种子生产经营活动，他可以这样做吗？

法条指引 《中华人民共和国种子法》第三十一条第二款和第四款　从事主要农作物杂交种子及其亲本种子、林木良种繁殖材料生产经营的，以及符合国务院农业农村主管部门规定条件的实行选育生产经营相结合的农作物种子企业的种子生产经营许可证，由省、自治区、直辖市人民政府农业农村、林业草原主管部门核发。

只从事非主要农作物种子和非主要林木种子生产的，不需要办理种子生产经营许可证。

问题解答 黄天宝不可以无证从事种子生产经营。种子生产经营，是指种植、采收、干燥、清选、分级、包衣、包装、标识、贮藏、销售及进出口种子的活动；种子生产是指繁（制）种的种植、采收的田间活动。种子的质量直接影响农作物成品质量，并且对农作物品种选育也会产生影响，若允许无证从事种子生产经营，将不利于保证农作物质量和优化农作物品种，因此，为保障农业生产安全、提升农作物品种选育质量，从事种子生产经营必须取得种子生产经营许可证。

22 可以无证采伐自己家的林地上的树木吗？

雷小强在自家自留地上种植了大片杨树，树木长势喜人，想着自留地上的树木属于自己，他就跟同村几人商量后，砍伐了自留地上的杨树700余棵，随后将树木运至木材厂销售。该如何评价雷小强的行为？

法条指引 《中华人民共和国森林法》第五十六条第一

款　采伐林地上的林木应当申请采伐许可证，并按照采伐许可证的规定进行采伐；采伐自然保护区以外的竹林，不需要申请采伐许可证，但应当符合林木采伐技术规程。

《中华人民共和国森林法》第七十六条第二款　滥伐林木的，由县级以上人民政府林业主管部门责令限期在原地或者异地补种滥伐株数一倍以上三倍以下的树木，可以处滥伐林木价值三倍以上五倍以下的罚款。

问题解答　雷小强不得无证采伐自己家的林地上的树木，而应当取得采伐许可证才能采伐。虽然国家规定自留山的林木归个人所有，但也不得擅自采伐。雷小强在未办理采伐许可证的情况下，擅自从自家自留地上采伐杨树，属于违法行为。森林是国民经济的重要组成部分，也是生态环境的重要屏障，是人类赖以生存的基础资源，具有维护地球生命、改善人类生存空间的生态价值，因此，即使是自家林地的树木，也需要取得采伐许可证之后才能采伐，防止任意滥伐树木，损害森林生态功能。

23 原自留山户主因造林失败，后被其他农户造林种果经营的，应如何确权登记发证？

雷大强家有12亩自留山，他在自留山上种植了多种林木，不料有2亩地的林木造林失败，眼见自己还有10亩林木生长良好，便也不理会这2亩林地。王小四的自留山正好与雷大强相邻，王小四不忍土地荒废，便在雷大强的2亩林地上改种其他果树，最终成活，现在这2亩自留山应该如何处理呢?

法条指引 《中华人民共和国土地管理法》第九条第二款 农村和城市郊区的土地，除由法律规定属于国家所有的以外，属于农民集体所有；宅基地和自留地、自留山，属于农民集体所有。

问题解答 应根据实际情况区别处理：若雷大强事后同意王小四的种植行为，决定转由王小四造林种果的，可按双方合作或合资经营处理，有合同（协议）的按其约定，申请确权登记，林权证注明自留山及收益比例；没有合同（协议）的，必须依法补签合同（协议）后，再申请确权登记，在林权证上注明自留山及双方主要权利，也可按转让处理。雷大强也可以不追认王小四的行为，并依法收回自留山，王小四在该片自留山上生产经营所发生的开发管护费用的补偿事宜可由双方协商。

24 农户在自留山四至以外扩大的竹林或营造的其他林果茶，其权属归谁？

刘大贵家有8亩自留山，他在自留山上种植了一片竹林，不料竹林蔓延生长出了他的8亩自留山的四至范围，刘大贵的竹林事实上的种植范围已经不止于自家自留地，那么，对于扩大部分竹林应该如何处理呢？

法条指引 《中华人民共和国土地管理法》第九条第二款 农村和城市郊区的土地，除由法律规定属于国家所有的以外，属于农民集体所有；宅基地和自留地、自留山，属于农民集体所有。

问题解答 刘大贵在自留山四至以外扩大的竹林，其林地使用权当然不能定为自留山，但是若刘大贵确有对竹林进行抚育管护的，应承认其劳动成果，保护其合法权益。农村集体经济组织可将他的自留山以外扩大的竹林定为责任山，按承包经营的做法，由他承包经营，从而使得他合法取得扩大部分竹林的权属；他也可对该林木合理作价，由所在农村集体经济组织赎买；农村集体经济组织也可以进行公开招标承包，并将林木价款付给刘大贵。

25 在乡镇集市摆摊需要注册为个体工商户吗？

赵得才在城镇务工几年后越发思念家乡的亲人，想要回到自己老家从事农业生产经营活动，赵得才初步计划将自己承包地中的农作物产出通过农用三轮车运到乡镇集市上摆摊进行灵活售卖的方式补贴家用，他听朋友说，到集市上进行农业生产经营最好先注册登记为个体工商户，他应该怎么做呢？

法条指引 《中华人民共和国民法典》第五十四条 自然人从事工商业经营，经依法登记，为个体工商户。个体工商户可以起字号。

《促进个体工商户发展条例》第二条 有经营能力的公民在中华人民共和国境内从事工商业经营，依法登记为个体工商户的，适用本条例。

《促进个体工商户发展条例》第六条 个体工商户可以个人经营，也可以家庭经营。个体工商户的财产权、经营自主权等合法权益受法律保护，任何单位和个人不得侵害或者非法干预。

《促进个体工商户发展条例》第十九条 国家鼓励和引导创业投资机构和社会资金支持个体工商户发展。

县级以上地方人民政府应当充分发挥各类资金作用，为个体工商户在创业创新、贷款融资、职业技能培训等方面提供资金支持。

问题解答 赵得才最好登记成为个体工商户。虽然我国现行法律并未强制性规定摆摊需要注册为个体工商户，但是登记成为个体工商户对于农业生产经营具有多种好处：第一，便于办理证照，登记成为个体工商户之后，能为后续办理农产品检验合格证等销售证照提供基础材料；第二，便于网络销售，网购平台普遍需要商家提供食品经营许可证、检疫证等，也会要求个体工商户的营业执照，因此登记为个体工商户后可以顺利入驻网购平台；第三，便于享受优惠扶持政策，成为个体工商户之后，便于农业专项贷款等优惠政策精准落实到生产经营的最前端主体。

26 个体工商户从事农业生产经营需要缴纳个人所得税吗？

齐三宝承包某湖泊水面20亩，从事渔业养殖，并通过自己注册的个体工商户“老齐鱼头”对外销售水产品。因水产品品质优良、市场需求旺盛，齐三宝在2021年度共取得渔业养殖所得70万元。2022年进行年所得12万元以上个人所得税的自行申报时，齐三宝是否应将养殖所得的70万元申报缴纳个人所得税呢？

法条指引 《中华人民共和国个人所得税法》第四条第一款 下列各项个人所得，免征个人所得税：

…………

（十）国务院规定的其他免税所得。

《财政部、国家税务总局关于农村税费改革试点地区有关个人所得税问题的通知》（财税〔2004〕30号）第一条 农村税费改革试点期间，取消农业特产税、减征或免征农业税后，对个人或个体户从事种植业、养殖业、饲养业、捕捞业，且经营项目属于农业税（包括农业特产税）、牧业税征税范围的，其取得的“四业”所得暂不征收个人所得税。

问题解答 齐三宝不需要就水产养殖所得的70万元申报缴纳个人所得税。根据《财政部、国家税务总局关于农村税费改革试点地区有关个人所得税问题的通知》的精神，为推动农村税费改革，切实减轻农民负担，对个体工商户从事乡村第一产业中的“四业”不征收个人所得税，这能够促进乡村第一产业的资金积累，有利于第一产业进一步扩展规模。

27 个体工商户欠的债谁来还?

李小兰与吴大福在注册“有福”农家乐后,李小兰觉得经营风险较大,便与吴大福约定:开店的一切责任由吴大福负责,双方的各自收入由个人自行支配。虽然夫妻间有这样一个协议,但是在农家乐的实际经营中,李小兰虽不过问经营效益好坏,却经常在店中帮忙,有时还垫付货款帮助周转。吴大福也经常拿出自己的营业收入来为家庭购置共同生活用品。随着农家乐规模的扩大,2021年吴大福几次进货失误,加之经济形势紧缩,农家乐的商品积压严重,欠下了近10万元的外债。他们的债权人因此找上门来,该由谁来还债呢?

法条指引 《中华人民共和国民法典》第五十六条第一款 个体工商户的债务,个人经营的,以个人财产承担;家庭经营的,以家庭财产承担;无法区分的,以家庭财产承担。

问题解答 应当由李小兰与吴大福共同承担债务。李小兰与吴大福虽然有各自收入个人自行支配的协议,但在实际生活中,李小兰也已经参与到了农家乐的实际经营中,吴大福也用经营收入来补贴家用,在吴大福的个体工商户财产无法与家庭财产进行有效区分的情况下，应当以二人共有的家庭财产承担债务。正确认识个体工商户的债务承担规则，有助于产业下乡过程中乡村第二、三产业的经营者在通过个体工商户的形式开展农业生产经营活动时，合理规划自身经营结构、防范经济风险。

28 农民专业合作社可以吸收公众存款用于生产经营吗？

韩大辉注册成立了某农业种植专业合作社并任法定代表人。2015年左右，韩大辉等以支付好处费和吃利差的待遇发展杨有财、宋进宝等大量代办员，对外宣传合作社存款利息高、安全、存取方便，以出具股金证形式向社会公众发展会员并吸收存款。截至2022年12月左右，共计吸收公众存款1300万元。韩大辉等将所吸收的存款用于投资农产品加工仓储设施、购置土地、支付存款利息、代办费用、办公费用等开支，这样做是合法的吗？

法条指引 《中华人民共和国农民专业合作社法》第二条 本法所称农民专业合作社，是指在农村家庭承包经营基础上，农产品的生产经营者或者农业生产经营服务的提供者、利用者，自愿联合、民主管理的互助性经济组织。

《中华人民共和国农民专业合作社法》第五条第二款 农民专业合作社对由成员出资、公积金、国家财政直接补助、他人捐赠以及合法取得的其他资产所形成的财产，享有占有、使用和处分的权利，并以上述财产对债务承担责任。

《农业部、国家发展和改革委员会、财政部等关于引导和促进农民合作社规范发展的意见》第十七条 稳妥开展信用合作。农民合作社开展信用合作，必须经有关部门批准，坚持社员制封闭性、促进产业发展、对内不对外、吸股不吸储、分红不分息的原则，严禁对外吸储放贷，严禁高息揽储。农民合作社要对信用合作业务进行单独核算，建立健全内部管理制度。各地要落实对农民合作社开展信用合作的监管责任，加强风险防控；对违反信用合作基本要求涉嫌非法集资的，依法进行处理和集中清理，对涉嫌严重违法的，移交司法机关追究法律责任；未落实监管责任、明确监管部门、建立监管制度的，停止审批。

问题解答 韩大辉以农民专业合作社吸收公众存款是不合法的，属于非法集资。农民专业合作社以其成员为主要服务对象，提供农业生产资料的购买、使用，农产品的生产、销售、加工、运输、贮藏，农村民间工艺及制品、休闲农业和乡村旅游资源的开发经营，以及与农业生产经营有关的技术、信息、设施建设运营等服务，不具备吸收公众存款和发放贷款的资格。农民专业合作社必须坚持“限于合作社成员内部，用于关联产业发展，吸股不吸储、分红不分息”的原则开展生产经营服务，不得从事非法金融业务。

29 农民专业合作社歇业两年以上还能继续开展经营吗？

甲村的李大年常年在外从事农产品运输与销售活动，见家乡土地肥沃、资源丰富，有心想要回乡将家乡的优质农产品向外输送，他了解到本村有一家祥泰农业合作社，因此想与祥泰农业合作社签订供货协议，以便统一收取本村农产品，但得知祥泰农业合作社已经连续两年无农民成员实际参与、无实质性生产经营活动，最近打算重整旗鼓再行经营。他可以与祥泰农业合作社开展合作吗？

法条指引 《中华人民共和国农民专业合作社法》第四十八条第一款 农民专业合作社因下列原因解散：

…………

（四）依法被吊销营业执照或者被撤销。

《中华人民共和国农民专业合作社法》第七十一条　农民专业合作社连续两年未从事经营活动的，吊销其营业执照。

问题解答　李大年不能与祥泰农业合作社签订协议了。祥泰农业合作社连续两年未从事经营活动，应当依法被吊销营业执照从而予以解散，失去其法人主体资格，也就不能开展经营活动。实践中，有一些农民专业合作社在设立后长期不开展经营活动，处于休眠状态，甚至是“空壳社”“挂牌社”，这不仅影响农民对农民专业合作社的认知，也不利于有关部门掌握我国农民专业合作社发展的真实情况。更有甚者，设立农民专业合作社不是为了开展经营活动，而是为了套取国家财政补助资金，造成国家财政资金的浪费。因此，农民专业合作社只有持续有效运行，真正开展经营活动，才能实现其建立的目的，带动农民致富。

第二篇

乡村产业振兴中的生产资料

1 土地承包经营权流转必须要登记吗？

2015年3月，村民王大强将自己位于本村北大路旁的5亩承包地的土地承包经营权，以5000元的价格转让给本村牛小宝，之后牛小宝一直耕种该承包地。2022年秋，因机场建设需要，有关部门依法征收了牛小宝从王大强家互换来的5亩承包地并支付给牛小宝一定的征收补偿费。王大强知晓情况后，声称承包地互换没有登记，不发生法律效力。土地承包经营权流转必须要登记吗？

法条指引 《中华人民共和国民法典》第三百三十四条 土地承包经营权人依照法律规定，有权将土地承包经营权互换、转让。未经依法批准，不得将承包地用于非农建设。

《中华人民共和国民法典》第三百三十五条 土地承包经营权互换、转让的，当事人可以向登记机构申请登记；未经登记，不得对抗善意第三人。

《中华人民共和国民法典》第三百三十八条 承包地被征收的，土地承包经营权人有权依据本法第二百四十三条的规定获得相应补偿。

问题解答 不用。根据《中华人民共和国民法典》第三百三十四条的规定，王大强有权将自己经营管理的承包地转让给本村村民牛小宝。只要双方意思表示达成一致，签订了土地承包经营权互换协议，该土地承包经营权即转移至牛小宝名下。虽然土地承包经营权移转没有登记，但没有登记仅意味着土地承包经营权移转不能对抗善意第三人，并非不发生土地承包经营权移转的法律效果。换言之，如果王大强将承包地再转让给不知情的第三人并办理了登记，那么牛小宝就不能取得该土地的承包经营权了。本案例中，由于牛小宝已经取得了该土地的承包经营权，在该承包地因机场建设被征用时，他有权依据《中华人民共和国民法典》第三百三十八条的规定获得土地承包经营权补偿费。

2 取得土地经营权要登记吗?

村民王小四和某农业公司签订《土地承租协议》，协议约定：经双方协商，王小四所在村委会同意，王小四将自己承包的某村东台10亩土地及西台6亩荒地租给该农业公司做种植业经营所用，租赁期限20年，每年租金2万元。双方未办理土地经营权登记，合同一直履行至今。该农业公司取得土地经营权需要登记吗?

法条指引 《中华人民共和国民法典》第三百四十一条 流转期限为五年以上的土地经营权，自流转合同生效时设立。当事人可以向登记机构申请土地经营权登记；未经登记，不得对抗善意第三人。

问题解答 不用，但土地经营权未经登记不得对抗善意第三人。根据《中华人民共和国民法典》第三百四十一条的规定，土地经营权自流转合同生效时设立。合同是当事人之间的一种合意，只要双方当事人意思表示真实，不违背法律、行政法规的强制性规定，合同就能够按照当事人的预期发生法律效力。土地经营权的取得采取的是登记对抗主义而不是登记设立主义，登记并非土地经营权流转合同的生效要件，只是对抗善意第三人的必备要件而已，是否登记不影响权利的取得。

3 能以土地经营权向金融机构融资吗？

某农业种植公司通过招标的形式取得了某村20亩土地的土地经营权，为了在农田上进行水利灌溉设施建设，该农业种植公司准备将20亩土地的土地经营权抵押给银行融资以便于自己购买农田水利灌溉设施。那么,该农业种植公司能够将土地经营权抵押给银行以获取融资吗?

法条指引 《中华人民共和国民法典》第三百四十二条 通过招标、拍卖、公开协商等方式承包农村土地,经依法登记取得权属证书的,可以依法采取出租、入股、抵押或者其他方式流转土地经营权。

《中华人民共和国农村土地承包法》第四十七条第一、二款 承包方可以用承包地的土地经营权向金融机构融资担保,并向发包方备案。受让方通过流转取得的土地经营权,经承包方书面同意并向发包方备案,可以向金融机构融资担保。

担保物权自融资担保合同生效时设立。当事人可以向登记机构申请登记;未经登记,不得对抗善意第三人。

问题解答 可以。根据法律的规定,土地经营权人可以以抵押的方式流转土地经营权。第三方通过流转取得的土地经营权,经承包方书面同意并向发包方备案,也可以向金融机构融资担保。土地经营权具有财产属性,能够以一定的金钱价值来衡量。当债务人不能如期履行债务时,债权人可以依照法定程序处分担保物。抵押权实现的结果只是转移了承包地的土地经营权,并未伤及土地承包权,承包地的集体所有性质也未因此改变。土地经营权流转的实质只是土地使用权能、收益权能的暂时性移转，因此法律允许土地经营权人以土地经营权为基础向抵押权人设立抵押权以获取资金融通。

4 农户能以土地经营权入股吗？

某村村委会为扩大苹果树种植规模，组织召开该村石坝小组土地经营权入股农业种植股份公司讨论大会。大会决定由村集体主导，引进社会资本，由农业种植股份公司对该村石坝小组的田土进行整体规划管理，农户以土地经营权的方式入股，将土地使用权有偿交由农业种植股份公司规划使用经营，田土每亩每年300元，林地每亩每年100元。农户可以以土地经营权的方式入股农业种植公司吗？

法条指引 《中华人民共和国民法典》第三百三十一条 土地承包经营权人依法对其承包经营的耕地、林地、草地等享有占有、使用和收益的权利，有权从事种植业、林业、畜牧业等农业生产。

《中华人民共和国农村土地承包法》第三十六条　承包方可以自主决定依法采取出租(转包)、入股或者其他方式向他人流转土地经营权,并向发包方备案。

问题解答　可以。根据《中华人民共和国农村土地承包法》第三十六条的规定,承包方可以以入股的方式流转土地经营权,只是在流转土地经营权时需要向发包人备案而已。以土地经营权入股不仅有利于发展高产、优质、高效、绿色农业,而且有利于把农民从土地上解放出来,解决农民既想外出务工又不想抛弃土地的矛盾,还能增加农民收入,可谓一举多得。因此,法律不仅不禁止农户以流转土地经营权的方式入股,反而还鼓励农民通过各种途径盘活农村土地市场,实现创收增收。

5 土地所有权可以抵押吗?

某村集体经济组织为了兴办集体企业,拟以集体企业占地的集体土地所有权向银行进行融资,银行对此拒绝接受,不动产登记中心也拒绝办理抵押登记。那么,你知道为什么吗?

法条指引 《中华人民共和国民法典》第一百五十三条第一款 违反法律、行政法规的强制性规定的民事法律行为无效。但是，该强制性规定不导致该民事法律行为无效的除外。

《中华人民共和国民法典》第三百九十九条 下列财产不得抵押：(一)土地所有权；

…………

问题解答 土地所有权禁止抵押。根据《中华人民共和国民法典》第三百九十九条的规定，土地所有权不得抵押。此为法律、行政法规的禁止性规定，任何人或者任何组织都不能违反法律、行政法规的禁止性规定以土地所有权为客体设立抵押权。依据《中华人民共和国民法典》第一百五十三条的规定，违反法律、行政法规的强制性规定的民事法律行为无效。此外，不仅集体土地所有权不能抵押，而且国有土地所有权也不能抵押。虽然法律禁止以土地所有权为客体设立抵押权，但是法律并不禁止以建设用地使用权为客体设立抵押权。

6 农村宅基地使用权和农民住房可以抵押吗？

村民贾大牛在外务工多年，知道城镇居民买房后，若装修资金紧张，可以将自己的房屋抵押给银行以获取装修资金，俗称装修贷。正好贾大牛的老房年久失修，内饰老化，便心生疑问：我能否也将自己的农村住房抵押给银行获取装修贷款呢？

法条指引 《中华人民共和国民法典》第三百九十九条　下列财产不得抵押：

…………

（二）宅基地、自留地、自留山等集体所有土地的使用权，但法律规定可以抵押的除外；

…………

《中华人民共和国民法典》第三百九十七条第一款　以建筑物抵押的，该建筑物占用范围内的建设用地使用权一并抵押。以建设用地使用权抵押的，该土地上的建筑物一并抵押。

问题解答 原则上不可以。现阶段除全国人大常委会授权开展农民住房财产权抵押贷款试点的地区外，其他地方农村宅基地和农房不能抵押。根据《中华人民共和国民法典》的规定，以建筑物抵押的，该建筑物占用范围内的建设用地使用权一并抵押。以建设用地使用权抵押的，该土地上的建筑物一并抵押。由于我国实行"房地一体"原则，因宅基地使用权不得抵押，造成其上房屋事实上也不能抵押。因此，现阶段农村宅基地使用权与农民住房暂不能抵押，但不排除在将来随着试点工作的逐步推进，宅基地使用权与农民住房也可以以抵押等方式获取资金融通。

7 乡镇、村企业的建设用地使用权可以单独抵押吗？

某村经济合作社有一块面积5336平方米的集体建设用地尚未开发利用，该村经济合作社为了缓解资金周转压力，准备将该块闲置的集体建设用地抵押给银行以获取抵押贷款。那么，该村经济合作社的目的能够实现吗？

法条指引 《中华人民共和国民法典》第三百九十八条　乡镇、村企业的建设用地使用权不得单独抵押。以乡镇、村企业的厂房等建筑物抵押的，其占用范围内的建设用地使用权一并抵押。

问题解答 不能。根据《中华人民共和国民法典》第三百九十八条的规定，乡镇企业不能单独以建设用地使用权设立抵押。在乡镇企业以自己的厂房等建筑物抵押时，基于“房地一体”原则，厂房等建筑物不能够离开土地而独立存在，建筑物占用范围内的建设用地使用权只能与厂房等建筑物一并抵押。如果乡镇企业到期不能履行债务，债权人可以向人民法院主张拍卖、变卖厂房及厂房占地范围内的建设用地使用权并就拍卖、变卖所得的价款优先受偿。

8 农业生产经营者可以将生产设备、原材料等一并抵押给银行融资吗？

某村50余户农民集资成立了养殖专业合作社，由于养殖场远离城市，没有工业污染源，加之牛羊肉品质较高，该农业合作社自成立以来销路十分好，牛羊肉供不应求。于是，该农业合作社准备扩大经营规模，兴建更多的圈舍，扩大牧草的种植规模以满足市场的需要。可是，养殖专业合作社只有牛羊若干头、水窖若干座、饲料加工生产线1条、肉类全自动加工生产线1条、肉类包装生产线1条等辅助配套设施。那么，养殖专业合作社可以通过何种途径筹集资金呢？

法条指引 《中华人民共和国民法典》第三百九十六条 企业、个体工商户、农业生产经营者可以将现有的以及将有的生产设备、原材料、半成品、产品抵押，债务人不履行到期债务或者发生当事人约定的实现抵押权的情形，债权人有权就抵押财产确定时的动产优先受偿。

问题解答 根据《中华人民共和国民法典》第三百九十六条的规定，农业生产经营者可以将现有的以及将有的生产设备、原材料、半成品、产品一并抵押给银行以实现资金融通。法律充分考虑到农业生产经营者在生产经营过程中的资金融通需求，有意创设了动产浮动抵押制度。动产浮动抵押不要求抵押权设立时抵押财产必须特定化。具体而言，养殖专业合作社可以把合作社所有的加工生产线、牛羊肉半成品等抵押给银行获取抵押贷款。待还款期限届满后，若养殖专业合作社还不能及时归还贷款或者发生双方当事人约定实现抵押权的情形，则抵押财产即时特定化，养殖专业合作社不能再自行处置抵押财产，抵押权人可就已经特定的抵押财产优先受偿。

9 租赁农机后农机被抵押对租赁关系有影响吗？

随着我国农业经营规模的扩大，作为农业新型经营主体的农民专业合作社、家庭农场、种粮大户等对大型机械、高性能机械、复合型机械的需求日益旺盛，农机租赁市场十分活跃。某农民专业合作社准备长期租赁一批农机，但十分担心自己签订长期租赁合同后农机被设定抵押权负担，在抵押人不能如期履行债务时，抵押权人很有可能主张拍卖、变卖农机从而导致自己不能正常利用农机。那么，租赁农机后农机被抵押对租赁关系有影响吗？

法条指引 《中华人民共和国民法典》第四百零五条 抵押权设立前，抵押财产已经出租并转移占有的，原租赁关系不受该抵押权的影响。

《中华人民共和国民法典》第七百零五条第一款 租赁期限不得超过二十年。超过二十年的，超过部分无效。

问题解答 没有影响。根据《中华人民共和国民法典》第四百零五条的规定，抵押财产在设立抵押权前已经出租并转移占有的，原来的租赁关系不受影响。即只要在农民专业合作社租赁农机前农机上不存在抵押权负担，即使租赁以后农机被新设抵押权负担也不影响原来的租赁合同，农民专业合作社可以继续使用农机，抵押权人不得请求农民专业合作社返还农机或者主张就农机进行优先受偿。但需要注意的是，依据《中华人民共和国民法典》第七百零五条的规定，农机的租赁期限最长为二十年，租赁期限超过二十年的部分无效。

10 集体经营性建设用地入市可能吗？

某区被列为全国土地制度改革试点区，该区某村利用此次机会将原属村集体所办的复合肥厂、预制厂和村委会老办公楼共13.447亩闲置集体土地，以每亩52.5万元的价格出让给某旅游公司进行旅游开发，此次转让累计收益约700万元，这样做可行吗？

法条指引 《中华人民共和国土地管理法》第六十三条　土地利用总体规划、城乡规划确定为工业、商业等经营性用途，并经依法登记的集体经营性建设用地，土地所有权人可以通过出让、出租等方式交由单位或者个人使用，并应当签订书面合同，载明土地界址、面积、动工期限、使用期限、土地用途、规划条件和双方其他权利义务。

前款规定的集体经营性建设用地出让、出租等，应当经本集体经济组织成员的村民会议三分之二以上成员或者三分之二以上村民代表的同意。

通过出让等方式取得的集体经营性建设用地使用权可以转让、互换、出资、赠与或者抵押，但法律、行政法规另有规定或者土地所有权人、土地使用权人签订的书面合同另有约定的除外。

集体经营性建设用地的出租，集体建设用地使用权的出让及其最高年限、转让、互换、出资、赠与、抵押等，参照同类用途的国有建设用地执行。具体办法由国务院制定。

问题解答 可行。我国法律明确规定了集体经营性建设用地可以出让、出租，通过出让等方式取得的集体经营性建设用地使用权可以转让、互换、出资、赠与或者抵押，这为集体经营性建设用地入市奠定了一定的基础。2021年的中央一号文件也明确指出，将积极探索实施农村集体经营性建设用地入市制度，作为深入推进农村改革，完善农村产权制度和要素市场化配置机制，充分激发农村发展内生动力的重要事项。根据我国法律规定，集体经营性建设用地入市必须具备以下几个条件：首先，入市的集体经营性建设用地必须是土地利用总体规划、城乡规划确定为工业、商业等经营性用途并经依法登记的集体经营性建设用地；其次，土地所有权人必须与用地单位或个人签订书面协议；最后，集体经营性建设用地出让、出租等，应当经本集体经济组织成员的村民会议三分之二以上成员或者三分之二以上村民代表的同意。

11 以集体所有土地使用权抵押，抵押权实现后能改变土地所有权的性质和用途吗？

某集体企业为购进纺织设备，决议将该集体企业集体建设用地使用权抵押给银行以获取银行贷款。随着疫情暴发，服装销路受阻，纺织厂效益欠佳，不能如期偿还抵押贷款，银行于是主张拍卖集体企业所在的集体建设用地使用权。那么抵押权实现后，能够将集体所有的土地变更为国有土地从而进入市场流通吗？

法条指引 《中华人民共和国民法典》第四百一十八条 以集体所有土地的使用权依法抵押的，实现抵押权后，未经法定程序，不得改变土地所有权的性质和土地用途。

问题解答 不能。依据《中华人民共和国民法典》第四百一十八条的规定，以集体所有土地的使用权依法抵押的，实现抵押权后，未经法定程序，不得改变土地所有权的性质和土地用途。集体建设用地是指乡（镇）、村集体经济组织和农村个人投资或集资，进行各项非农业建设所使用的土地。循此来看，能够取得集体建设用地的只能是乡（镇）、村集体经济组织和农村个人。因此在拍卖变卖集体建设用地时，潜在买家的范围是特定的，即该集体建设用地所在的乡（镇）、村集体经济组织和农村个人。在未经法定程序变更土地所有权的性质和土地用途之前，集体所有的土地性质得以维持，即便抵押权实现后亦不能改变土地所有权的性质和土地用途。

12 集体企业的集体建设用地使用权被抵押后新加盖的办公大楼属于抵押财产吗?

某集体企业将集体建设用地使用权抵押给银行进行融资后，因扩大集体企业生产经营的需要，集体企业决定在闲置的集体建设用地上兴建办公大楼以满足生产需要。后集体企业因不能如期履行归还银行贷款的债务，银行主张实现抵押权。那么，集体建设用地上兴建的办公大楼属于抵押财产吗？银行能否主张将兴建的办公大楼与集体建设用地使用权一并拍卖变卖呢？

法条指引 《中华人民共和国民法典》第四百一十七条 建设用地使用权抵押后，该土地上新增的建筑物不属于抵押财产。该建设用地使用权实现抵押权时，应当将该土地上新增的建筑物与建设用地使用权一并处分。但是，新增建筑物所得的价款，抵押权人无权优先受偿。

问题解答 不属于。依据《中华人民共和国民法典》第四百一十七条的规定，建设用地使用权抵押后，该土地上新增的建筑物不属于抵押财产，抵押权人不得主张对新增的建筑物优先受偿。但基于“房地一体”原则，建设用地使用权只能与兴建的建筑物一同拍卖变卖。只不过拍卖变卖所得的价款应当区分建设用地使用权的部分与新增建筑物的部分，抵押权人仅能就建设用地使用权价款部分主张优先受偿权，而不能就新增建筑物部分的价款主张优先受偿。如果建设用地使用权价款部分清偿完所有债务后仍有剩余，则应将该部分剩余的款项交付给集体企业。

13 养殖场厂房被抵押后还能自由转让吗?

某养殖场因发展迅猛,需要扩大经营规模。但既有的养殖场设备陈旧且交通不便,不能胜任扩大经营规模的重任,因而该养殖场决定异地搬迁,兴建新的养殖基地。为了缓解资金周转压力,该养殖场决定出售之前的养殖基地,然而之前养殖基地的厂房已经抵押给了银行。那么,被抵押的厂房还可以自由转让吗?

法条指引 《中华人民共和国民法典》第四百零六条第一款 抵押期间,抵押人可以转让抵押财产。当事人另有约定的,按照其约定。抵押财产转让的,抵押权不受影响。

《最高人民法院关于适用〈中华人民共和国民法典〉有关担保制度的解释》第四十三条 当事人约定禁止或者限制转让抵押财产但是未将约定登记,抵押人违反约定转让抵押财产,抵押权人请求确认转让合同无效的,人民法院不予支持;抵押财产已经交付或者登记,抵押权人请求确认转让不发生物权效力的,人民法院不予支持,但是抵押权人有证据证明受让人知道的除外;抵押权人请求抵押人承担违约责任的,人民法院依法予以支持。

当事人约定禁止或者限制转让抵押财产且已经将约定登记，抵押人违反约定转让抵押财产，抵押权人请求确认转让合同无效的，人民法院不予支持；抵押财产已经交付或者登记，抵押权人主张转让不发生物权效力的，人民法院应予支持，但是因受让人代替债务人清偿债务导致抵押权消灭的除外。

问题解答 可以。依据《中华人民共和国民法典》第四百零六条第一款规定，除当事人另有约定外，抵押期间，抵押人可以转让抵押财产。抵押财产转让的，抵押权不受影响。其实，立法对抵押期间抵押物是否可以自由转让存在着立法变迁。原《中华人民共和国物权法》第一百九十一条曾规定，未经抵押权人同意，抵押人不得转让抵押物。随着民法典的颁布与施行，《中华人民共和国民法典》第四百零六条在制度设计上彻底解决了自民法通则时代开始的抵押人转让抵押物的效力问题，明确了抵押人在抵押期间可自由转让抵押物。只不过如果当事人之间另有约定的，从其约定。具体而言，如果当事人之间存在着禁止或者限制抵押物自由转让的特约并将其在不动产登记簿或者动产登记簿上予以登记，那么此时抵押物将不能够被自由转让。否则，抵押物转让不能发生物权变动的效力，而且抵押人还应当对抵押权人承担违约责任。

14 农村集体经济组织能以集体建设用地使用权出资与企业兴办合资企业吗？

新疆长绒棉因日照时间长，成熟度高，棉绒长，手感好，品质远优于普通棉，被世人誉为“棉中极品”。某村位于新疆长绒棉产区，棉花质量极优。2021年，面对村穷、人穷现状，村镇两级党组织决定充分利用产棉区的优势，发起成立了“E服装有限公司”，采取“集体入股+企业入股”的方式，村集体将集体建设用地作价300万元入股，企业则以兴建厂房和机器设备作价200万元入股。由于引进了企业的先进管理技术，“E服装有限公司”一经成立即取得了不错的经济效益，带动了该村471户贫困户1226名贫困人口脱贫致富，加快了联产联业、联股联心的步伐。那么，农村集体经济组织能以集体建设用地使用权出资与企业兴办合资企业吗？

法条指引 《中华人民共和国民法典》第二百六十八条　国家、集体和私人依法可以出资设立有限责任公司、股份有限公司或者其他企业。国家、集体和私人所有的不动产或者动产投到企业的，由出资人按照约定或者出资比例享有资产收益、重大决策以及选择经营管理者等权利并履行义务。

《中华人民共和国公司法》第二十七条　股东可以用货币出资，也可以用实物、知识产权、土地使用权等可以用货币估价并可以依法转让的非货币财产作价出资；但是，法律、行政法规规定不得作为出资的财产除外。

对作为出资的非货币财产应当评估作价，核实财产，不得高估或者低估作价。法律、行政法规对评估作价有规定的，从其规定。

问题解答　可以。依据《中华人民共和国民法典》第二百六十八条与《中华人民共和国公司法》第二十七条的规定，集体依法可以将集体所有的不动产或者动产出资设立企业。只要农村集体经济组织的出资可以用货币估价并可以依法转让给集体企业且不存在法律、行政法规规定的禁止出资的情形，该出资即为有效。农村集体经济组织以集体建设用地使用权出资与他人设立集体企业，不仅可以盘活闲置的集体财产，还可以引进先进的机器设备和先进的管理经验。法律不仅不禁止农村集体经济组织创造性地盘活集体财产，反而鼓励农村集体经济组织充分发挥主观能动性，高效利用集体财产从而实现物尽其用，各得其所。

15 附着于集体建设用地上的建筑物、构筑物及其附属设施必须一并处分吗？

村民钱小牛准备将自己的养殖场转让给同村孙小天，但表示自己想保留养殖场内取水设施的所有权以便利自家取水。那么，钱小牛的目的能够达到吗？附着于集体建设用地上的建筑物、构筑物及其附属设施是否必须一并处分？

法条指引 《中华人民共和国民法典》第三百五十六条　建设用地使用权转让、互换、出资或者赠与的，附着于该土地上的建筑物、构筑物及其附属设施一并处分。

问题解答 必须一并处分。依据《中华人民共和国民法典》第三百五十六条的规定，建设用地使用权转让的，附着于该土地上的建筑物、构筑物及其附属设施一并处分。我国坚持“房地一体”原则，房不能离开地而独立存在，地也不能离开房而独立存在。因此，在集体建设用地上存在其他建筑物、构筑物及其附属设施时，集体建设用地使用权不能单独转让，而必须随建筑物、构筑物及其附属设施一同转让。如果集体建设用地上尚无其他建筑物、构筑物及其附属设施时，集体建设用地使用权当然可以单独转让，但不得改变集体建设用地的性质。

16 土地承包经营权到期了怎么办?

村民黄大天系某村集体经济组织的成员,他所承包土地的承包期限只有三年就要届满了,他十分担心要是土地承包期限届满后不再续包,自己耕地上的果树怎么办,自己多年辛勤的投入是否就付之东流了。那么,土地承包经营权到期了怎么办呢?

法条指引 《中华人民共和国民法典》第三百三十二条 耕地的承包期为三十年。草地的承包期为三十年至五十年。林地的承包期为三十年至七十年。

前款规定的承包期限届满,由土地承包经营权人依照农村土地承包的法律规定继续承包。

问题解答 自动续期。土地承包期限届满时,由土地承包经营权人依照农村土地承包的法律规定继续承包。承包期届满的自动续期制度,是党的十九大报告中提出的“第二轮土地承包到期后再延长30年”的合理法律表达。自动续期是包括耕地、草地和林地在内的家庭承包取得的土地承包经营权期限的自动延长,国家充分保障广大农民群众的合法权益,村民黄大天完全不用担心承包期限到期以后不能再续包的事情，大可放心地在自己的承包地上继续种植果树，奋力奔向致富大道。

17 承包方什么时候可以单方解除土地经营权流转合同？

牛有才与某有限公司签订了农村土地经营权流转合同，约定将5亩土地流转给该有限公司进行农业生产活动，要求保持土地肥力，流转期限为10年，流转费每年2000元。接收土地后，该有限公司准备发展养殖业，前两年在流转的土地上栽种了电线杆，连接了动力电，但后来察觉市场行情不稳，便再未进行任何投资建设，也未对流转的土地进行利用，且连续数年拖欠土地流转费用。牛有才可否解除合同？

法条指引 《中华人民共和国农村土地承包法》第四十二条　承包方不得单方解除土地经营权流转合同，但受让方有下列情形之一的除外：

（一）擅自改变土地的农业用途；

（二）弃耕抛荒连续两年以上；

（三）给土地造成严重损害或者严重破坏土地生态环境；

（四）其他严重违约行为。

问题解答 农业生产经营并非短期见效，通常需要一段较长的周期先投入大量资金、建设基础设施等为后期生产做准备，而正式经营之后如遇承包方涨价甚至要求解除合同，将使得受让方蒙受巨大损失、经营预期落空，因此法律规定承包方只能在法定情形下行使单方解除权，以平衡双方利益。本例中该有限公司本应依照合同约定合理利用土地，保持土地肥力，保障经营户的合法权益，但该有限公司未按照约定合理利用流转土地，连续撂荒两年以上，已经达到法定的解除条件，且数年拖欠流转费亦属于严重违约，违背了土地经营权流转的初衷，牛有才可以行使单方解除权。

18 为便于运输养殖副产品，养殖合作社可与农户设立通行地役权吗？

牛大强领取集体土地使用证，该证注明使用权面积为264.04平方米，东西长16.10米，南北长16.40米，房屋东西长15.10米，房屋东房山外侧有1米在牛大强宅基地范围内。某养殖合作社为了便于运输养殖副产品，需要频繁经过牛大强家门前的空地，对他家的生活造成一定程度的妨碍。经过协商，牛大强表示同意养殖合作社利用自家门前空地通行，但需要养殖合作社支付一定的费用，双方都表示同意。那么，为了稳固此种土地利用关系，双方当事人可以通过何种法律途径呢？

法条指引 《中华人民共和国民法典》第三百七十二条第一款 地役权人有权按照合同约定，利用他人的不动产，以提高自己的不动产的效益。

《中华人民共和国民法典》第三百七十三条第一款 设立地役权，当事人应当采用书面形式订立地役权合同。

《中华人民共和国民法典》第三百七十四条 地役权自地役权合同生效时设立。当事人要求登记的，可以向登记机构申请地役权登记；未经登记，不得对抗善意第三人。

问题解答 双方当事人可以协商设立通行地役权。依据《中华人民共和国民法典》关于地役权的有关规定，双方当事人可以协商一致以书面形式设立地役权。地役权，是指为使用自己不动产的便利或提高其效益而按照合同约定利用他人不动产的权利。通行地役权作为典型的地役权，是指地役权人可借助他人的土地以满足己方通行之所需。通行地役权一旦设立，双方当事人就要受地役权合同的约束，任何一方均不得擅自违反合同的约定，否则应承担违约责任。此外，地役权设立采取登记对抗主义，地役权自地役权合同生效时设立，未经登记，不得对抗善意第三人。

19 占用永久基本农田发展林果业可行吗？

黄大发在未取得相关行政主管部门批准的情况下在其租赁同村村民承包地上建设钢构大棚及其辅助设施，占用基本农田保护区范围土地3.96亩，用于苗木种植。经核查某区土地利用总体规划图（2006—2020年），该宗土地性质为永久基本农田，现状为耕地。截至调查之日，长60米宽33米的钢构大棚已基本建成。黄大发已经对永久基本农田进行肆意破坏，土地种植条件遭到严重毁坏，难以恢复土地原状。黄大发占用永久基本农田种植苗木可行吗？

法条指引 《中华人民共和国土地管理法》第三十七条第三款　禁止占用永久基本农田发展林果业和挖塘养鱼。

《中华人民共和国刑法》第三百四十二条　违反土地管理法规，非法占用耕地、林地等农用地，改变被占用土地用途，数量较大，造成耕地、林地等农用地大量毁坏的，处五年以下有期徒刑或者拘役，并处或者单处罚金。

问题解答 不可行。《中华人民共和国土地管理法》明确规定，国家实行永久基本农田保护制度。永久基本农田经依法划定后，任何单位和个人不得擅自占用或者改变其用途。法律禁止个人或者任何组织破坏永久基本农田的目的是对基本农田实行特殊保护，促进农业生产和社会经济的可持续发展，保障农业秩序，避免“耕地非粮化”问题进一步加重。此外，根据《中华人民共和国刑法》第三百四十二条的规定，违反土地管理法规，非法占用耕地、林地等农用地，改变被占用土地用途，数量较大，造成耕地、林地等农用地大量毁坏的行为，还应当依法承担刑事责任。除了禁止占用永久基本农田发展林果业、挖塘养鱼外，法律还禁止在永久基本农田上挖湖造景，建设绿化带、畜禽养殖设施、水产养殖设施等及其他破坏耕作层的设施。

20 占用耕地建设养殖场合法吗?

非洲猪瘟暴发以来，猪肉价格上涨较快。村民牛大宝看到猪肉价格上涨较快，利润空间较大，于是打起了养猪的主意。为了及时抢占市场，牛大宝说干就干，在未经有关机关批准的前提下即占用某村466.67平方米永久基本农田建设养殖场。那么，牛大宝可以占用农用地从事非农建设活动吗?

法条指引 《中华人民共和国民法典》第二百四十四条 国家对耕地实行特殊保护，严格限制农用地转为建设用地，控制建设用地总量。不得违反法律规定的权限和程序征收集体所有的土地。

《中华人民共和国土地管理法》第三十五条 永久基本农田经依法划定后，任何单位和个人不得擅自占用或者改变其用途……

《中华人民共和国土地管理法》第四十四条第一款和第二款 建设占用土地，涉及农用地转为建设用地的，应当办理农用地转用审批手续。

永久基本农田转为建设用地的，由国务院批准。

《中华人民共和国土地管理法》第七十七条 未经批准或者采取欺骗手段骗取批准，非法占用土地的，由县级以上人民政府自然资源主管部门责令退还非法占用的土地，对违反土地利用总体规划擅自将农用地改为建设用地的，限期拆除在非法占用的土地上新建的建筑物和其他设施，恢复土地原状……

《中华人民共和国城乡规划法》第六十五条 在乡、村庄规划区内未依法取得乡村建设规划许可证或者未按照乡村建设规划许可证的规定进行建设的，由乡、镇人民政府责令停止建设、限期改正；逾期不改正的，可以拆除。

问题解答 不可以。村民牛大宝不可私自占用农用地从事非农建设活动。根据法律规定，建设占用土地，涉及农用地转为建设用地的，应当办理农用地转用审批手续。永久基本农田转为建设用地的，由国务院批准。永久基本农田范围一旦确定，任何单位和个人不得擅自占用农田或者改变农田的用途。牛大宝利用永久基本农田建设种猪养殖场的行为为违法行为，主管部门可以责令牛大宝限期拆除在非法占用的土地上新建的建筑物和其他设施并恢复土地原状。如果牛大宝拒不履行，有关机关还可以强制执行，强制执行费用由牛大宝负担。

21 农村的自留山和责任山有什么区别？

赵大牛想在村里承包山地种果树，于是跟村里的人打听山地该怎样承包，村里有人告诉他村里面有责任山与自留山，建议他承包自留山，也有人建议他承包责任山。赵大牛很疑惑：他究竟该承包自留山还是责任山？两者有什么区别呢？

法条指引 《中华人民共和国民法典》第二百六十一条第一款　农民集体所有的不动产和动产，属于本集体成员集体所有。

《中华人民共和国土地管理法》第九条第二款　农村和

城市郊区的土地，除由法律规定属于国家所有的以外，属于农民集体所有；宅基地和自留地、自留山，属于农民集体所有。

问题解答 自留山是指农村集体经济组织分配给组织成员经营和使用的小块山林，其所有权属于集体，经营生产的木材及林产品属组织成员所有。责任山是指农村集体经济组织根据“林业三定”政策，将集体所有山林按照当时组织成员人口，平均承包给组织成员经营和使用的山林，其所有权属于集体，经营生产的木材及林产品按照承包合同，拥有一定比例的分配权。赵大牛可以根据自己的需求选择承包自留山或者责任山。

22 自家住宅能开农家乐与民宿吗？

某村位于著名5A级旅游景区的核心地带，风景怡人，旅游资源丰富。村民的收入却十分有限，这可把村支书难住了。村支书和村里的代表们经过充分调研后觉得本村环境优美，交通也十分便利，可以利用本村的闲置房屋开展农家乐与民宿。村民们也都想把这些闲置的农村房屋利用起来，一是使有限的房屋资源能够得到充分利用，二是可以给家里增添些许收入，同时还能带动村子经济发展。于是10余户农户经过深思熟虑，决定将家里闲置多年的房子拾掇起来，开起了农家乐与民宿。那么，村民们可以在农村的住宅上从事上述经营性活动吗？

法条指引 《中华人民共和国民法典》第二百四十条

所有权人对自己的不动产或者动产，依法享有占有、使用、收益和处分的权利。

问题解答 可以。根据《中华人民共和国民法典》的规定，所有权人对自己的不动产或者动产，依法享有占有、使用、收益和处分的权利。村民们对在自家宅基地上建造的房屋享有完整的所有权，村民们可自由决定如何使用自己的房屋。虽然村民们有权利用自家房屋发展农家乐，但是发展农家乐也仍然需要办理“三证一照”，即卫生部门审批的卫生许可证、市场监管部门审批的餐饮服务许可证、公安部门审批的特种行业许可证（无住宿服务的不用办理）和市场监管部门审批的工商营业执照，最后进行环保备案。只有经历了以上所有程序，村民们的农家乐才能正常营业。

23 什么是“假种子”“劣种子”，买到这些种子该怎么办？

李大宝在镇上一家种子店买了几包西红柿的种子，到家准备播种时发现其购买的种子已经变质，他把一些看起来还没坏的种子种下去，发现也烂芽了。李大宝就找到店家声称其卖“假种子”，要求店家赔偿。李大宝买到的种子是假种子吗？店家需要承担怎样的责任呢？

法条指引 《中华人民共和国民法典》第一千二百零三条第二款　产品缺陷由生产者造成的，销售者赔偿后，有权向生产者追偿。因销售者的过错使产品存在缺陷的，生产者赔偿后，有权向销售者追偿。

《中华人民共和国种子法》第四十八条　禁止生产经营假、劣种子。农业农村、林业草原主管部门和有关部门依法打击生产经营假、劣种子的违法行为，保护农民合法权益，维护公平竞争的市场秩序。

下列种子为假种子：

（一）以非种子冒充种子或者以此种品种种子冒充其他品种种子的；

（二）种子种类、品种与标签标注的内容不符或者没有标签的。

下列种子为劣种子：

（一）质量低于国家规定标准的；

（二）质量低于标签标注指标的；

（三）带有国家规定的检疫性有害生物的。

问题解答 李大宝买到的种子为“劣种子”而非“假种子”，他可直接请求该商家赔偿，即使种子质量问题是生产者或者第三人过错导致，也应由销售者先行承担赔偿责任，此处商家承担的是不真正连带责任。李大宝可以请求的赔偿费用包括购买种子的价款、减产损失等可得利益损失以及诸如播种费、化肥费等其他损失，他可与对方协商、调解，协商、调解不成可向有关部门投诉或由人民法院进行最终认定。

24 新研发的饲料可以直接投入生产使用吗？

廖小强家的养殖场拟进行规模扩张和技术升级，他想借此机会更换养殖场使用的饲料品牌，得知某公司一周前刚研发出一种品质优良的新型饲料，便想向该公司下单购买该新型饲料即刻用于生产经营。他可以直接将新研发的饲料投入生产使用吗？

法条指引 《饲料和饲料添加剂管理条例》第八条 研制的新饲料、新饲料添加剂投入生产前，研制者或者生产企业应当向国务院农业行政主管部门提出审定申请，并提供该新饲料、新饲料添加剂的样品和下列资料：

…………

《饲料和饲料添加剂管理条例》第二十九条 禁止生产、经营、使用未取得新饲料、新饲料添加剂证书的新饲料、新饲料添加剂以及禁用的饲料、饲料添加剂。

禁止经营、使用无产品标签、无生产许可证、无产品质量标准、无产品质量检验合格证的饲料、饲料添加剂。禁止经营、使用无产品批准文号的饲料添加剂、添加剂预混合饲料。禁止经营、使用未取得饲料、饲料添加剂进口登记证的进口饲料、进口饲料添加剂。

问题解答 廖小强不可以直接将新研发的饲料投入生产使用。根据《饲料和饲料添加剂管理条例》第八条的规定，新饲料的研制者或者生产企业应当向国务院农业行政主管部门提出审定申请，待申请通过取得新饲料证书后，才能将饲料投入生产使用。科学技术的升级有助于畜牧业产业优化、产能升级，但新饲料这样的产品因其直接影响畜牧产品的品质和安全而需要通过国家行政审批程序才能投入使用，这也是为了畜牧业能健康安全、可持续发展。

25 自行配制的饲料能对外提供吗?

雷大富家在当地开办了养殖场,为改进生产技术、提高产能,他专程到某饲料科技公司向专业技术人员请教了饲料配制技术,回到养殖场经过百余次试验,终于自行配制出品质优良的饲料。他凭借此饲料从事养殖活动,产量有了显著提升,产品质量也非常优良,极具竞争力。周围几个村的养殖户见状都纷纷表示想向他购买其自行配制的饲料,雷大富可以将自行配制的饲料对外提供吗?

法条指引 《中华人民共和国民法典》第一百五十三条 违反法律、行政法规的强制性规定的民事法律行为无效。但是,该强制性规定不导致该民事法律行为无效的除外。

违背公序良俗的民事法律行为无效。

《饲料和饲料添加剂管理条例》第二十五条第二款 养殖者使用自行配制的饲料的,应当遵守国务院农业行政主管部门制定的自行配制饲料使用规范,并不得对外提供自行配制的饲料。

《饲料和饲料添加剂管理条例》第四十八条 养殖者对外提供自行配制的饲料的,由县级人民政府饲料管理部门责令改正,处2000元以上2万元以下罚款。

问题解答 雷大富不得将自行配制的饲料对外提供。自行配制的饲料由于未经过国家行政部门的审核，在质量上存在安全隐患和使用风险，如果对外提供，可能会导致流行疾病等畜牧市场的系统性风险，从而对整个畜牧产业的生产安全造成危害，因此养殖户不得对外提供自行配制的饲料。防止自配饲料流入市场不仅是满足消费者对农产品品质和健康达到统一标准的要求，也是在切实维护农业生产经营效率和产业竞争力。农产品的质量安全是乡村第一产业发展好坏的重要衡量标准，是实现乡村振兴不可或缺的重要一环。

26 村委会可以购买农作物病虫害专业化防治服务吗?

棉铃虫，广泛分布在中国及世界各地，黄河流域棉区、长江流域棉区尤其受棉铃虫侵害严重。某村正好位于长江流域棉区，深受棉铃虫的困扰。以往村民们大多自行进行病虫害防治，但效果不佳，村民们因病虫害遭受的损失巨大。于是，村民们决心联手战胜病虫害，由该村村委会出面购买农作物病虫害专业化防治服务。经过病虫害防治公司的精准化防治对策与村民们的悉心照料，棉花产量创历史新高，村民们都笑逐颜开。村委会可以购买农作物病虫害专业化防治服务吗?

法条指引 《中华人民共和国民法典》第一百四十三条 具备下列条件的民事法律行为有效：

（一）行为人具有相应的民事行为能力；

（二）意思表示真实；

（三）不违反法律、行政法规的强制性规定，不违背公序良俗。

《中华人民共和国民法典》第四百六十五条第一款 依法成立的合同，受法律保护。

《农作物病虫害专业化防治服务管理办法》第四条 县级以上人民政府农业农村主管部门通过政府购买服务、资金、物资补助等方式扶持专业化防治服务组织开展专业化防治服务。

问题解答 可以。根据法律规定，民事主体可以按照自己意思设立、变更、终止民事法律关系。购买农作物病虫害专业化防治服务并不违反法律行政法规的强制性规定，故该合同自成立时生效。农作物病虫害专业化防治公司应按照合同的约定提供专业化的病虫害防治服务，在农作物病虫害专业化防治公司未按照合同约定履行义务时，村民们还可追究其违约责任。《中华人民共和国民法典》作为社会生活的百科全书，对与村民们权利保护密切相关的事项都做出了详尽规定，村民们可放心大胆地订立专业化技术服务合同，无须担心合同不能履行的情况出现。

27 农机产品由谁负责三包服务？

播种时节，张大柱为了播种方便，于是到镇上的店铺购买了一台播种机，结果发现播种机质量有问题，根本无法正常使用。张大柱可以通过什么方式来解决呢？张大柱自己学过机器维修，他将播种机拆开改装了内部的零部件，以致在后来对故障原因无法做出技术鉴定，他还能向商家主张三包责任吗？

法条指引 《中华人民共和国民法典》第五百七十七条　当事人一方不履行合同义务或者履行合同义务不符合约定的，应当承担继续履行、采取补救措施或者赔偿损失等违约责任。

《农业机械产品修理、更换、退货责任规定》第四条第一款　农机产品实行谁销售谁负责三包的原则。

《农业机械产品修理、更换、退货责任规定》第二十六条　三包有效期内，农机产品出现质量问题，农机用户凭三包凭证在指定的或者约定的修理者处进行免费修理，维修产生的工时费、材料费及合理的运输费等由三包责任人承担；符合本规定换货、退货条件，农机用户要求换货、退货的，凭三包凭证、修理记录、购机发票更换、退货；因质量问题给农机用户造成损失的，销售者应当依法负责赔偿相应的损失。

《农业机械产品修理、更换、退货责任规定》第三十八条　销售者、生产者、修理者能够证明发生下列情况之一的，对于所涉及部分，不承担三包责任：

…………

（二）使用说明书中明示不得改装、拆卸，而自行改装、拆卸改变机器性能或者造成损坏的；（三）发生故障后，农机用户自行处置不当造成对故障原因无法做出技术鉴定的；

…………

问题解答　张大柱应该在三包期内直接找销售者处理，要求进行免费修理，也可以视情况换货或者退货。他对播种机私自改装的行为属于法定的商家不承担三包责任的情形，因此他不能再向店家主张三包。农户应尽量按照使用说明的要求合理使用农机，若农机出现故障，亦要避免自行维修，应当首先找到正规的维修点进行维修，否则可能因自行处理不适当导致故障原因不明，从而无法享受三包服务。

第三篇

乡村产业振兴中的商事经营

1 公司分立会对原先签订的合同产生影响吗？

某有限公司常年与李大虎合作，由李大虎向该有限公司提供蔬菜。在年初，李大虎与该有限公司签订了一笔货值较大的蔬菜销售合同，分四个季度履行。就在第一季度合同履行完毕后，该有限公司进行了重组，分立成为两家公司，李大虎便担心之后三个季度的合同履行会出现问题。请问李大虎和该有限公司之间的合同会受什么影响？

法条指引 《中华人民共和国民法典》第六十七条 法人合并的，其权利和义务由合并后的法人享有和承担。

法人分立的，其权利和义务由分立后的法人享有连带债权，承担连带债务，但是债权人和债务人另有约定的除外。

问题解答 法人分立，指的是一个法人分开形成两个或两个以上的法人，属于法人在组织形式上的改变。除非当事人另有约定，在法人分立之前已经签订了合同的，分立之后的法人仍然要对此合同负责，只是由之前的单个法人负责变更为多个法人一起负责，分立后的法人对该合同的权利义务享有连带债权，承担连带债务。因此，李大虎和该有限公司之间的合同并不会受到实质的影响，对于今后三个季度的合同义务，由分立后的两家公司承担连带责任，李大虎可以要求分立后的任何一家公司履行合同。

2 “刷单”行为如何认定？

张翠花为营造网店销量大好的假象，委托某机构组织刷手在其网店“刷单”，按照订单的交易金额退还货款，并支付“刷单”报酬，订单涉及的商品并不会实际发货。对于这种“刷单”赚取报酬的行为该如何认定？

法条指引 《中华人民共和国民法典》第一百四十六条 行为人与相对人以虚假的意思表示实施的民事法律行为无效。

以虚假的意思表示隐藏的民事法律行为的效力，依照有关法律规定处理。

问题解答 对于网络购物，多数消费者由于无法实地考察而选择考虑店铺的人气值和好评率等，而店家捕捉到这种信号之后也开始以各种“努力”营造“热度”，其中不乏雇人下单购买商品、虚构销量和好评数等行为，某些不法分子乘虚而入，衍生出了以兼职“刷单”为名号的骗局。政府部门及各网络监管平台已着力打击此种作假行为，以维护正常的经营秩序。电商经营者张翠花与他人通谋创建网络订单，所订立的网络购物合同系双方虚假的网络购物意思，该民事法律行为无效。网络“刷单”行为属于不正当竞争，严重扰乱正常经营秩序，不论刷手还是商家都可能因违反法律受到惩罚。

3 标价错误如何处理？

张翠花在网店销售自家种植的水蜜桃。原本是18元3斤的销售价格，由于张翠花标价失误，在网页上呈现出来的最终效果是18元可以买3吨水蜜桃。张翠花瞬间接到大量订单，但看到价格时傻眼了，张翠花面临的巨额亏损已经足以让自己倾家荡产，况且也没有那么多水蜜桃可以卖。面对各路买家的催单，张翠花慌乱极了。对于这些订单，张翠花需要去完成吗？

法条指引 《中华人民共和国民法典》第一百四十七条 基于重大误解实施的民事法律行为，行为人有权请求人民法院或者仲裁机构予以撤销。

问题解答 法律规定因重大误解而实施的民事法律行为可撤销，最高人民法院相关文件对重大误解做出规定，行为人因对行为的性质、对方当事人、标的物的品种、质量、规格和数量等的错误认识，使行为的后果与自己的意思相悖，并造成较大损失的，可以认定为构成重大误解。张翠花所标售价并非其真实意思表示，属于重大误解，可以请求人民法院或仲裁机构撤销合同。应当注意的是，某些商家以低价作为营销手段，过后又以标价错误为借口拒绝履行，此种行为不会得到法律支持。

4 为提高竞争搞“假促销”可以吗？

张翠花为了提高网店的竞争优势，特别进行了宣传活动，对外宣称本店水蜜桃亏本大促销，全网价格最低，吸引了许多顾客下单。但实际上，张翠花所称的促销情况根本不存在，其他卖场的价格甚至还要优惠大约1成。请问张翠花可以这样做吗？

法条指引 《中华人民共和国民法典》第一百四十八条 一方以欺诈手段，使对方在违背真实意思的情况下实施的民事法律行为，受欺诈方有权请求人民法院或者仲裁机构予以撤销。

《中华人民共和国价格法》第十四条 经营者不得有下列不正当价格行为：

…………

（四）利用虚假的或者使人误解的价格手段，诱骗消费者或者其他经营者与其进行交易；

…………

问题解答 为提高竞争优势、获取顾客资源，商家们的销售“套路”层出不穷，甚至不惜以欺诈的形式吸引顾客，“假促销”即是常见的商家在销售活动中使用的手段，为此引发了商家之间、商家与消费者之间不少的矛盾。张翠花利用虚假的价格手段诱使消费者与其交易，本质上是一种欺诈行为，消费者有权请求人民法院或者仲裁机构变更或者撤销已形成的订单。若消费者要求增加赔偿受到的损失，张翠花还应当赔偿消费者买商品的价款或者接受服务的费用的三倍；增加赔偿的金额不足500元的，为500元。法律另有规定的，依照其规定。张翠花作为商家应当诚信经营，搞“假促销”一旦被揭穿，既丧失了信誉，又得不到钱财。

5 受胁迫签订的合同是否有效？

旺谷村有一处80亩的橘子园，由于管理不善，几乎没有收入，每年还要支付必要的开支。王二喜自己也有一个橘子园，他在果园内安装了灌溉设备，邀请技术人员对果树进行了修剪，又从某养鸡场购买了15车鸡粪全部用于果树施肥，在其精心管理下，橘子园收入可观。旺谷村村主任看见王二喜的橘子园取得很好的经济效益，并且发展势头很猛，劝说王二喜把村后80亩橘子园也承包下来，王二喜则表示自己不需要。而旺谷村村主任一向专横，被拒后转头指使一些不明真相的村民强行进入王二喜的果园进行破坏，严重扰乱了王二喜果园的正常经营。最终王二喜不堪骚扰，被迫在果园承包合同上签字。此合同是否有效？

法条指引 《中华人民共和国民法典》第一百五十条

一方或者第三人以胁迫手段，使对方在违背真实意思的情况下实施的民事法律行为，受胁迫方有权请求人民法院或者仲裁机构予以撤销。

问题解答 民事主体在从事民事法律行为时应遵守自愿原则，任何一方均不得将自己的意志强加给另一方。王二喜签订果园承包合同是旺谷村村主任胁迫的结果，合同的内容并非经过双方平等协商制定的，合同的签订也体现不出王二喜的真实意愿。旺谷村村主任胁迫王二喜签订果园承包经营合同，很明显违背了自愿原则，如果王二喜不愿意履行该合同，可以请求人民法院或者仲裁机构撤销该合同。

6 合同无效、被撤销或确定不发生效力后，会产生什么法律后果？

李大强今年在某有限公司以每头8000元的价格购买了10头牛进行养殖。该有限公司将该批牛送达李大强，李大强支付完购牛款8万元人民币。在之后的养殖过程中李大强发现牛有疾病，找兽医前来医治后仍然不见好转，还死了5头牛，于是李大强一纸诉状将该有限公司告上法院。原来该有限公司在出售牛种时没有在当地的动物卫生监督机构申报检疫，将牛送达李大强时也没有出具动物检疫证明，而李大强不懂交易规则，未提交证据证明其养殖场所具备法律规定的动物防疫条件，且在交易过程中对牛种有无动物检疫证明没有尽到审查义务，最终合同被确认无效。请问双方该如何处理？

法条指引 《中华人民共和国民法典》第一百五十七条 民事法律行为无效、被撤销或者确定不发生效力后，行为人因该行为取得的财产，应当予以返还；不能返还或者没有必要返还的，应当折价补偿。有过错的一方应当赔偿对方由此所受到的损失；各方都有过错的，应当各自承担相应的责任。法律另有规定的，依照其规定。

《动物检疫管理办法》第十八条 出售或者运输的动物、动物产品取得动物检疫证明后，方可离开产地。

问题解答 养殖户想要安全、高效生产，必须重视和掌握动物疾病预防和防治、消毒等知识和技术，动物买卖的双方当事人都要自查是否符合法律规定的条件。该有限公司作为销售方，未按照法律的规定向动物卫生监督机构申报检疫，违反了法律的禁止性规定，对合同无效及损失的产生存在主要过错。李大强的养殖场亦未具备法律规定的动物防疫条件，且在牛种交易过程中没有审查动物检疫证明，对合同无效及损失的产生存在次要过错。双方对于合同无效均有过错，应根据双方过错程度承担相应的责任。

7 长期合作者突然没了代理权，怎么办？

某有限公司的采购员张小牛能言善道，幽默风趣，一直能够在采购阶段以非常优惠的价格直接从农户那里进货，农民对其较为信任。某一次，农户将蔬菜运至采购员张小牛指定的地点之后却一直没有收到相应的蔬菜款。为此，农户致电该有限公司询问，却得知原来张小牛在一个月前已经辞职了，没有资格再进行采购工作，但农户分明看见张小牛拿着公司的空白合同，且一直都是与他交涉，怎么可能知道情况有变，于是要求该有限公司支付蔬菜款，但该有限公司不予理睬。请问如何解决此事？

法条指引 《中华人民共和国民法典》第一百七十二条 行为人没有代理权、超越代理权或者代理权终止后，仍然实施代理行为，相对人有理由相信行为人有代理权的，代理行为有效。

问题解答 此为典型的表见代理的情形。依据我国法律规定，行为人没有代理权、超越代理权或者代理权终止后以被代理人名义订立合同，相对人有理由相信行为人有代理权的，该代理行为有效。虽然张小牛的代理权已经终止，但农户并不知情，张小牛手持空白合同书以及长期与农户有交易活动，从外表看来，农户有充分的理由相信张小牛仍然是正常代表着该有限公司，张小牛实施的代理行为应被认定有效，这种做法起到了维护财产动态交易安全的作用。作为善意一方，农户可以以代理行为有效为由请求该有限公司支付货款，由此受到损失的该有限公司可以要求张小牛赔偿。

8 什么是不可抗力？因不可抗力解除合同是否违约？

旺谷村村委会将农场的200株龙眼树通过公开招标的形式进行发包，承包期10年，后刘铁柱中标，同时双方订立了龙眼树承包协议，刘铁柱交纳承包金后开始经营管理。一年后，由于强台风侵袭，该片龙眼树全部被台风刮倒，刘铁柱的经营受到严重的损害，刘铁柱认为再承包下去已没有经济效益，故要求解除合同。旺谷村村委会却不同意，认为承包期仅过了1年，若解除合同，刘铁柱需要承担违约责任。请问刘铁柱是否违约？

法条指引 《中华人民共和国民法典》第一百八十条

因不可抗力不能履行民事义务的，不承担民事责任。法律另有规定的，依照其规定。

不可抗力是不能预见、不能避免且不能克服的客观情况。

问题解答 所谓不可抗力是指不能预见、不能避免且不能克服的客观情况，是不能受当事人意识支配的客观现象，自然灾害一般属于不可抗力。刘铁柱所承包龙眼树所遭遇的台风是不可抗击的外来力量，并不属于正常的经营风险。刘铁柱种植的龙眼树全部灭失，导致合同目的已经不能实现，继续履行合同已经没有意义，因此刘铁柱可以解除合同，且因为不可抗力是法定免责事由，刘铁柱不用承担违约责任。

9 违约责任和侵权责任发生竞合时怎么办？

李大强和李大虎签订了玉米籽兑换胡麻饼的易货合同，以李大强的玉米籽与李大虎的胡麻饼交换。但李大虎用于交换的胡麻饼存量不足，便在其中混入了部分菜籽饼。李大强用李大虎提供的胡麻饼饲喂奶牛，结果发生了奶牛中毒事件，造成大量奶牛死亡、流产，经过专业技术人员鉴定，菜籽饼中的有毒成分异硫氰酸脂含量远超过正常标准，是奶牛中毒的直接原因。李大强可以要求李大虎承担什么责任？

法条指引 《中华人民共和国民法典》第一百八十六条 因当事人一方的违约行为，损害对方人身权益、财产权益的，受损害方有权选择请求其承担违约责任或者侵权责任。

问题解答 违约责任，是指违反合同的约定义务所应当承担的民事责任；侵权责任，是指实施违法行为造成他人人身损害、财产损害或者精神损害所应当承担的民事责任。在李大强和李大虎的互易合同中，李大虎提供的胡麻饼中混进了部分菜籽饼，属于合同标的物的质量问题，应承担违约责任。同时，由于李大虎交付的标的物不符合约定，直接造成了李大强的奶牛死亡、流产等财产损害后果，又构成了产品侵权责任，一个行为同时产生了违约责任和侵权责任两种责任。对此，李大强作为受损害一方，有权选择让李大虎承担违约责任或者侵权责任。

10 订立合同可以采用哪些形式?

王桂花今年种植的水蜜桃大丰收,正准备像往年一样拉到集市上去卖,这时一个收购商找到王桂花,表示今后王桂花的水蜜桃都由他来收购,王桂花心想这样也不错,今后就不用自己出来卖桃子,也不用担心桃子烂在地里卖不出去了。于是王桂花同意,并与对方谈妥收购的数量、价格、时间、地点等。达成合意后,收购商问王桂花需不需要签订书面合同,王桂花表示不理解,什么是书面合同? 刚才不是已经都谈好了吗? 有什么区别呢?

法条指引 《中华人民共和国民法典》第四百六十九条 当事人订立合同,可以采用书面形式、口头形式或者其他形式。

书面形式是合同书、信件、电报、电传、传真等可以有形地表现所载内容的形式。

以电子数据交换、电子邮件等方式能够有形地表现所载内容,并可以随时调取查用的数据电文,视为书面形式。

问题解答 在日常生活中我们需要订立各种合同，农业现代化发展过程中的每一个环节亦离不开合同。我们可以根据现实需要选择恰当的合同形式，包括书面形式、口头形式以及其他形式。其中，书面形式因其有确定的文字记录，在发生纠纷时可以作为举证依据，是最能保护合同双方利益的。王桂花与收购商之间关于水蜜桃买卖已经订立了口头形式的合同，是合法有效的，但为了避免日后风险，建议王桂花还是与收购商订立书面合同较为妥当。若王桂花与收购商决定采取口头形式，可以对约定进行录音，或者请无利害关系第三人在场见证，尽量留下可追溯的痕迹，避免出现“空口无凭”等争议。

11 土地承包合同什么时候成立？

王桂花为增加收入，想承包一个鱼塘养殖草鱼，但是王桂花不知道办什么手续，于是王桂花来到本村村委会询问，打听到村里确实有一个闲置的鱼塘，且负责人表示该鱼塘长期无人使用，放着也是浪费，如果王桂花有兴趣的话，鱼塘就交给王桂花去打理，明天就可以开始养殖。王桂花听完高高兴兴回家去，开始构思自己的养鱼计划。请问王桂花是否已经取得鱼塘的承包经营权？

法条指引 《中华人民共和国民法典》第四百九十条第一款 当事人采用合同书形式订立合同的，自当事人均签名、盖章或者按指印时合同成立。在签名、盖章或者按指印之前，当事人一方已经履行主要义务，对方接受时，该合同成立。

《中华人民共和国农村土地承包法》第二十二条第一款 发包方应当与承包方签订书面承包合同。

问题解答 王桂花尚未取得鱼塘承包经营权。乡村振兴的一个重要方面就是要充分利用好农村的闲置土地，以鼓励发展产业的形式赋活土地资源。《中华人民共和国农村土地承包法》规定农村集体经济组织成员有权依法承包由本集体经济组织发包的农村土地，并对土地承包合同的形式做出了明确规定，即发包方与承包方必须采用书面形式订立承包合同。因此王桂花并没有取得鱼塘的承包经营权，王桂花作为承包方，应当与作为发包方的村委会签订书面承包合同，并且双方均在合同上签字、盖章或者捺印，才能使合同成立生效，这时王桂花才能取得鱼塘承包经营权。

12 通过互联网平台网购农产品合同何时成立呢?

某村种植的柑橘产量品质俱佳,但销量一直不佳。该村新任村支书上任后为解决柑橘的销售问题,亲自做起了电商直播,通过直播讲解的方式吸引顾客购买本村种植的柑橘。不过对于众多年龄较大的顾客而言,他们十分担心自己下单后商家不发货或者自己购买的商品有质量瑕疵。这该怎么办呢?

法条指引 《中华人民共和国民法典》第四百九十一条第二款 当事人一方通过互联网等信息网络发布的商品或者服务信息符合要约条件的,对方选择该商品或者服务并提交订单成功时合同成立,但是当事人另有约定的除外。

《中华人民共和国民法典》第四百六十五条第一款 依法成立的合同,受法律保护。

问题解答 根据法律规定,如果当事人之间没有特别约定,顾客选择该商品或者服务并提交订单成功时合同即成立。根据《中华人民共和国民法典》第四百六十五条的规定,依法成立的合同受法律保护。商家若不履行合同约定的义务,顾客可以向互联网购物平台反映情况,也可以向消费者权益保护协会投诉，还可以向人民法院起诉，要求商家承担违约责任。而且目前的互联网交易大多由支付公司担保资金安全，只有在顾客确认收到货物后，相应的资金才会转移至商家账户名下。因此，顾客完全不必担心自己的权益无法得到保障。

13 电子商务中的著作权问题如何处理？

张小天家是茶农，种植了大片茶田并在网上销售茶叶。他想在自家网站中放入一些凸显茶园和茶叶特色的图片，奈何自己拍照水平有限，于是他就将某专门拍摄茶园等风光的博主发布的带水印的照片私自放到自己网店中，因为茶园照片拍得很好，网店的点击量大幅提升，销量也一路高涨。该如何评价张小天的做法？

法条指引 《中华人民共和国民法典》第一百二十三条 民事主体依法享有知识产权。

知识产权是权利人依法就下列客体享有的专有的权利：

（一）作品；

…………

《中华人民共和国著作权法》第五十二条　有下列侵权行为的，应当根据情况，承担停止侵害、消除影响、赔礼道歉、赔偿损失等民事责任：

…………

（七）使用他人作品，应当支付报酬而未支付的；

…………

问题解答　张小天的做法侵犯了某博主的著作权，应当主动向该博主征求同意，在获得同意后将照片用于自家网店宣传。在农产品电子商务中，网站的制作、图片的使用、文案的撰写等与著作权关系密切，著作权受法律保护，未经著作权人的同意，不能擅自使用其作品。

14 什么是格式条款？有怎样的效力？

牛有才接到一笔购买橘子的订单，因路途较远，牛有才委托某货运公司运送价值5000元的橘子，运费18元。该货运公司工作人员给出一张托运单，要求牛有才在上面签字，托运单正面中间框内印制了“此单系本人填写，背面客户须知已阅，我同意某货运公司运输要求及条款”的内容，牛有才正准备阅读相关内容，却被工作人员催促“快点签，我赶着去下一个地方”，于是牛有才未阅读客户须知即在正面签字。当天该货运公司将该批橘子遗失。牛有才找到货运公司要求赔偿，却被告知仅能主张5倍运费的赔偿数额，并指出托运单背面客户须知的第四条规定：“本公司在运输途中将尽力予以关注，但如发生毁损、灭失等情况按货物运费的5倍进行赔偿。”货运公司称牛有才已在托运单上签字，视为同意该条款，该公司说法是否成立？

法条指引 《中华人民共和国民法典》第四百九十六条　格式条款是当事人为了重复使用而预先拟定，并在订立合同时未与对方协商的条款。

采用格式条款订立合同的，提供格式条款的一方应当遵循公平原则确定当事人之间的权利和义务，并采取合理的方式提示对方注意免除或者减轻其责任等与对方有重大利害关系的条款，按照对方的要求，对该条款予以说明。提供格式条款的一方未履行提示或者说明义务，致使对方没有注意或者理解与其有重大利害关系的条款的，对方可以主张该条款不成为合同的内容。

问题解答 农村电商的发展刺激着农村电商的物流需求，运输农产品需要签订运输合同，而此类合同大多包含着格式条款。格式条款是一方为了在交易过程中简化合同订立程序而预先拟定的条款，既便捷快速，又能降低交易成本，但也容易出现条款制定者利用其优势地位损害对方利益的情况。该货运公司出示的托运单背面“客户须知”即是格式条款。在签订合同时，工作人员没有提醒牛有才注意格式条款的内容，牛有才可以主张该格式条款不作为合同内容。另外，在货物运输合同中，承运人承担运输过程中货物的毁损、灭失风险责任是其法定义务，不允许通过协议排除或限制。综上，该货运公司应按照灭失货物的实际价值进行赔偿。

15 合同未成立也要承担责任吗？

王桂花和张翠花两人都是桃子村的果农，今年张翠花种植的桃子大丰收，而王桂花种植的桃子产量却少得可怜。王桂花感到不满，认为自己和张翠花都付出了同样的努力，为什么自己却得不到好结果。张翠花打算以2元一斤的价格进城销售桃子，王桂花心生邪念，在张翠花出发之前阻止了她。王桂花谎称自己已经与某公司签订了一笔大买卖，只是自己今年桃子产量不足，愿意以3元一斤的价格买下张翠花的桃子，这样对两人都有好处。张翠花也觉得这方法不错，答应把桃子卖给王桂花，王桂花承诺等一周后收购方拿货时一并结算价款，张翠花同意。张翠花信守承诺，耐心等待，不料却等来王桂花的一句“抱歉，对方不买了”，而张翠花的桃子已经错过最佳售卖时期，损失不少。请问王桂花应当承担什么样的责任？

法条指引 《中华人民共和国民法典》第五百条 当事人在订立合同过程中有下列情形之一，造成对方损失的，应当承担赔偿责任：

（一）假借订立合同，恶意进行磋商；

（二）故意隐瞒与订立合同有关的重要事实或者提供虚假情况；

（三）有其他违背诚信原则的行为。

问题解答 做人讲究诚信，做生意更是如此。在本例子中，王桂花与张翠花订立买卖合同并非出于真情实意，而是通过编造事实、假借订立合同来阻碍张翠花对桃子进行销售，王桂花的行为违背了诚实信用原则，损害了张翠花对双方合同关系的信任，张翠花也因此遭受了实际的损失，王桂花应当承担赔偿责任。王桂花在此处违反的是先合同义务，应当承担的是缔约过失责任，即由于自己的过错使得合同未能成立需要承担的责任。

16 合同没有约定如何履行或约定不明确，怎么办？

2021年，刘铁柱与本村经济合作社达成口头协议，双方约定由刘铁柱承包村内的4亩机动地，因为承包期只有1年，双方并未签订书面合同，亦未约定合同的履行方式。按照该村村委会的规定，机动地一年一换，村内机动地只允许种植农作物，不允许种树或种植其他多年生植物。随后，刘铁柱便在承包地内栽种了松树。三个月后，该村经济合作社得知情况，要求刘铁柱根据村委会的规定清除所种树苗，刘铁柱称在原来的约定里并没有说不能在承包地里种树，且刘铁柱在种树时村经济合作社并未阻止，如今树苗已栽好，清除成本太高，更何况这是在响应国家退耕还林的决策，自己有理由拒绝清除。刘铁柱是否可以继续种树？

法条指引 《中华人民共和国民法典》第五百一十条

合同生效后，当事人就质量、价款或者报酬、履行地点等内容没有约定或者约定不明确的，可以协议补充；不能达成补充协议的，按照合同相关条款或者交易习惯确定。

问题解答 由于机动地的承包期限一般较短，为了方便省事，当事人往往选择以口头约定替代书面合同的签订，也因此常常衍生出履行期限、履行地点、履行方式不明等问题。刘铁柱与村经济合作社在口头约定中并未表明是否可以种树，属于没有约定履行方式的情形。首先，双方可以就此再次协商，达成补充协议，协议不成则通过合同条款或交易习惯确定。该村村委会关于禁止在本村机动地种树的规定并非合同里的条款，但是从本条规定可以看出该村对在村内机动地上种植树木等多年生植物持否定态度，反映出该村发包机动地时的习惯。其次，若据此仍不能确定，则刘铁柱应当按照有利于实现合同目的的方式履行。机动地的土地性质较特殊，变动频繁，而刘铁柱所种树木种植期限长，与机动地的使用期限不一致，在此情况下村经济合作社并不能灵活收取机动地，进而影响重新发包，因此刘铁柱的履行行为不符合合同目的。综上，刘铁柱应当根据要求清除所种树木，承担不利后果。

17 作为合同先履行一方，无论如何都要履行吗？

某公司与王桂花、牛有才、刘铁柱等十几户村民签订了代养协议，饲养过程中所需猪苗、饲料、疫苗等先由该公司垫资，散户将养成品的生猪交给该公司后可以拿到一笔代养费。经过长时间辛苦养殖，部分散户将生猪交给该公司后，公司却无力支付代养费。王桂花、牛有才、刘铁柱等听闻邻居们拿不到代养费后不愿意把生猪交出去，怕也拿不到钱，而该公司却扬言要告他们违约，吓得散户们不知如何是好。请问散户们一定要把生猪交出去吗?

法条指引 《中华人民共和国民法典》第五百二十七条　应当先履行债务的当事人，有确切证据证明对方有下列情形之一的，可以中止履行：

（一）经营状况严重恶化；

（二）转移财产、抽逃资金，以逃避债务；

（三）丧失商业信誉；

（四）有丧失或者可能丧失履行债务能力的其他情形。

当事人没有确切证据中止履行的，应当承担违约责任。

问题解答 “代养”是一种农村产业发展新模式，已经成为某些农村地区的特色产业，既发挥了养殖户的优势，又能解决“没钱养”的难题。但其中也有一定的风险，例如本案的养殖户拿不到代养费这种情况。根据合同约定，散户们要先把猪交给公司，而后才能拿到代养费，在正常情况下应当按这样的顺序履行，但如果散户们明知自己的履行很可能得不到回报却还要继续履行则有失公平。因此，如果其他散户有确切证据证明公司难以再支付代养费，可以及时通知公司不继续履行，即停止把生猪交出去，除非公司能恢复支付能力或者提供相应担保。这里散户行使的是不安抗辩权，应当注意的是，行使不安抗辩权必须提供确切证据，且要及时通知对方，不能滥用不安抗辩权。

18 如何才能保全自己的债权？

王二喜承揽了吴进宝经营的养牛场的围栏搭建工程，该工程完成后，吴进宝一直未支付工程款。后吴进宝觉得养牛收入太低，打算放弃养牛场进城打工，于是将养牛场以合理价格转让给了李大强，双方签订了养殖场转让合同。吴进宝进城打工后，王二喜多次打电话催要工程款无果，后来吴进宝干脆失踪了。王二喜正苦恼时，偶然听说李大强接手养牛场后一直没有付款，吴进宝也没有讨要过，此时王二喜可以怎么做？若吴进宝把养牛场直接赠送给了李大强，王二喜又可以怎么做？

法条指引 《中华人民共和国民法典》第五百三十五条 因债务人怠于行使其债权或者与该债权有关的从权利，影响债权人的到期债权实现的，债权人可以向人民法院请求以自己的名义代位行使债务人对相对人的权利，但是该权利专属于债务人自身的除外。

代位权的行使范围以债权人的到期债权为限。债权人行使代位权的必要费用，由债务人负担。

相对人对债务人的抗辩，可以向债权人主张。

《中华人民共和国民法典》第五百三十八条 债务人以放弃其债权、放弃债权担保、无偿转让财产等方式无偿处分财产权益，或者恶意延长其到期债权的履行期限，影响债权人的债权实现的，债权人可以请求人民法院撤销债务人的行为。

问题解答 债权保全的方式有两种，分别是债权人行使代位权以及债权人行使撤销权，这是法律为了防止债务人以不当行为损害债权人利益而设定的两种制度。针对第一种情况，吴进宝一边欠着王二喜的工程款，一边对李大强的欠债既不提起诉讼，也不提起仲裁，影响了王二喜的到期债权，王二喜可以以自己的名义代位行使吴进宝对于李大强的债务，也就是说王二喜对于李大强是“债主的债主”。对于第二种情况，吴进宝无偿转让了养牛场，使自己陷入“没钱可还”的状态，此时不管李大强是善意还是恶意，对于王二喜都是极其不公平的，因此王二喜可以起诉吴进宝要求其撤销赠与行为，以保证吴进宝有能力支付工程款。

19 货物提存成功，合同就算履行了吗？

某公司多年来一直从刘守根处批发大量水果蔬菜，半个月前，该公司又和刘守根签订了一份蔬菜批发合同。刘守根准备好货物正准备发货，却联系不上公司的对接人员，有消息说是公司的老板因为某些原因跑路了。眼看着新鲜的蔬菜堆积着送不出去，刘守根准备将该批蔬菜提存。但是他还是担心，将蔬菜提存后自己是否算是已经履行了合同义务呢？

法条指引 《中华人民共和国民法典》第五百七十一条 债务人将标的物或者将标的物依法拍卖、变卖所得价款交付提存部门时，提存成立。

提存成立的，视为债务人在其提存范围内已经交付标的物。

问题解答 在正常情况下，一方履行义务，另一方接受履行，合同就可以完成。但在某些情况下，一方想交付物品而对方却下落不明或者无理由拒收等，就会显得非常被动，不采取措施的话可能会扩大损失。提存制度可以解决这种问题，它亦是合同履行方式的一种。本例中因某公司一方原因导致刘守根无法按照约定履行合同义务，刘守根可以采取将货物提存的方式来履行合同的权利义务。但需注意的是，蔬菜属于易腐烂变质的物品，建议刘守根先将蔬菜变卖，提存所得价款即可。

20 如何约定定金？定金罚则如何适用？

李大虎、黄东贵签订土地转包合同，约定将李大虎几亩土地转包给黄东贵种棉花，期限2年，转包款合计20万元，黄东贵预交了定金5万元，李大虎负责为黄东贵协调水利灌溉事宜。半年后，李大虎接到当地政府政策调整的紧急通知，合同所涉及几亩土地的灌溉水量无法保障，应即刻停止播种灌溉，或者根据实际水利重新商定灌溉面积，否则后果自负。

李大虎也没有与黄东贵协商浇灌事宜。后黄东贵所承包土地种植的棉花因缺水绝产。请问定金应当如何处理?

法条指引 《中华人民共和国民法典》第五百八十六条　当事人可以约定一方向对方给付定金作为债权的担保。定金合同自实际交付定金时成立。

定金的数额由当事人约定;但是,不得超过主合同标的额的百分之二十,超过部分不产生定金的效力。实际交付的定金数额多于或者少于约定数额的,视为变更约定的定金数额。

《中华人民共和国民法典》第五百八十七条　债务人履行债务的,定金应当抵作价款或者收回。给付定金的一方不履行债务或者履行债务不符合约定,致使不能实现合同目的的,无权请求返还定金;收受定金的一方不履行债务或者履行债务不符合约定,致使不能实现合同目的的,应当双倍返还定金。

问题解答 因定金已实际交付,李大虎和黄东贵之间成立定金合同。当事人关于定金数额的约定,不得超过主合同标的额的20%,此为法律强制规定。李大虎与黄东贵之间签订的土地转包合同为主合同,标的额是20万元,因此可约定的定金上限是20万元的20%,即4万元,因此李大虎和黄东贵约定的定金5万元中只有4万元是有效的,超出的1万元不产生定金的效力，而应认定为土地转包款。在土地转包合同中，李大虎所要履行的义务是帮助黄东贵协调水利灌溉事宜，李大虎并没有按照约定合格地履行义务，导致黄东贵不能实现种植棉花的合同目的，对李大虎应当适用定金罚则，双倍返还黄东贵定金8万元。若双倍定金仍低于所造成的损失，黄东贵还可以请求李大虎补足赔偿数额。

21 迟延履行后发生不可抗力如何处理？

李大强与某副食品批发公司签订了一份购买活鱼的买卖合同，约定该副食品批发公司向李大强购买活鱼3吨，共计9万元，于3月10日前由该副食品批发公司工作人员向李大强取货，并确定了取货地点。李大强如约将所有活鱼集中放置在一个临近大河的水池中。但一直到3月15日，该副食品批发公司都没有派人来取货。3月16日，当地突降暴雨，池水猛涨，致使大量活鱼从水池中蹦走，损失4万多元。李大强要求该副食品批发公司将剩余的鱼取走，并支付全部的货款，遭到拒绝，该副食品批发公司认为这是不可抗力，只愿意取走剩下的活鱼，并按照实际取得的鱼的数量支付货款。

请问该副食品批发公司的理由是否成立?

法条指引 《中华人民共和国民法典》第五百九十条第二款 当事人迟延履行后发生不可抗力的，不免除其违约责任。

问题解答 不成立。不可抗力，是指不能预见、不能避免并不能克服的客观情况，一般情况下，因不可抗力导致的违约可以免除违约责任。迟延履行是一种违约行为，迟延履行后发生不可抗力事件并不免除违约方的责任，在不可抗力发生之前，违约已经发生，不能再受到不可抗力的“特殊保护”。因此，该副食品批发公司应当承担迟延履行期间因发生不可抗力事件导致的标的物灭失的风险，其违约责任不可免除，该公司应按照约定支付全部货款，并自行承担4万多元的活鱼损失。

22 能不能任由损失扩大并让违约方赔偿所有损失?

李大虎从某公司处赊购了油葵种子，并约定丰收之后由该公司以市场价格收购李大虎种植的油葵，并扣除其中赊欠的种子款。当种子丰收后，该公司却拒收，而李大虎也拒不支付赊欠的种子款。当地秋天多雨，会造成油葵种子腐烂，李大虎干脆破罐子破摔，任由油葵腐烂。李大虎一纸诉状将该公司告上法庭，认为该公司没有按照合同约定及时收购油葵，导致自己种植的油葵堆积，大量腐烂变质，损失远远大于赊欠的种子款，若要支付种子款，必须先赔偿自己损失。请问该公司是否对所有损失承担赔偿责任?

法条指引 《中华人民共和国民法典》第五百九十一条第一款　当事人一方违约后，对方应当采取适当措施防止损失的扩大；没有采取适当措施致使损失扩大的，不得就扩大的损失请求赔偿。

问题解答 不需要对所有损失承担赔偿责任。民法典规定了减损规则，指的是一方当事人在对方违约行为发生后，未能采取适当的措施，致使损失扩大，违约方对扩大的损失不承担赔偿责任。在合同的履行中要注意保存证据，不能放任原本可控的损失继续扩大，应采取相应的补救措施，否则对于因此扩大的损失是不能请求赔偿的。基于诚信原则，合同双方都应尽可能地信守合同，案例中的公司不遵守合同约定的确是违反诚信的行为，但李大虎也不能因此丢了自己的诚信，对于扩大部分的损失，李大虎不能请求该公司赔偿。

23 因第三人的原因造成合同违约的，还要承担违约责任吗？

李大强与某牛奶公司签订了一份生牛乳买卖合同，约定送货上门，李大强将该批生牛乳的运输交由某货运公司完成。该货运公司的车辆在运输途中发生交通事故，造成该批生牛乳大量毁损。牛奶公司在约定期限没有收到货物，要求李大强承担违约责任，李大强辩称自己已经按时发货，是货运公司的原因才造成交货迟延，牛奶公司应该去找货运公司索赔，货运公司却称与自己无关。请问谁应该承担对牛奶公司的违约责任？

法条指引 《中华人民共和国民法典》第五百九十三条 当事人一方因第三人的原因造成违约的，应当依法向对方承担违约责任。当事人一方和第三人之间的纠纷，依照法律规定或者按照约定处理。

问题解答 乡村农业为了提高效率，越来越多地选择与第三方合作，借用第三方的力量代替亲力亲为，由此也需要签订多个合同，在合同履行发生问题时，要注意区分各个合同的当事人，不能混为一谈，避免责任混乱。合同具有相对性，意思是在一般情况下合同只在当事人双方之间产生效力，而不牵涉第三人。本案中有两个合同，一个是李大强与牛奶公司之间的生牛乳买卖合同，并约定送货上门，一个是李大强与货运公司之间的货物运输合同。货运公司未能按照约定如期送达货物，应当向李大强承担违约责任；李大强交货迟延，应当向牛奶公司承担违约责任。这是两个不一样的合同，不能混淆。牛奶公司不能直接要求货运公司承担责任，因为他们之间不存在直接的合同关系。

24 产品因质量问题被退回，途中风险谁承担？

某辣椒酱生产公司多次从张翠花处购买辣椒籽，由于距离较远，该公司无法当场验货，双方在购销合同中约定张翠花提供的辣椒籽必须保质保量，而该公司每次也都会先支付部分货款。之后，在一次收货中，该公司发现辣椒籽到手时已经发生霉变，于是以质量问题为由将辣椒籽退回，张翠花也同意了。货船在回程的海上运输中遭遇了海难，辣椒籽全部灭失。张翠花表示同意退货，但是必须把货物交到自己手上，现在东西都没了，该公司应该负责，且要支付剩余的货款。公司拒绝，双方产生分歧。请问此次风险该由谁承担？

法条指引 《中华人民共和国民法典》第六百一十条 因标的物不符合质量要求，致使不能实现合同目的的，买受人可以拒绝接受标的物或者解除合同。买受人拒绝接受标的物或者解除合同的，标的物毁损、灭失的风险由出卖人承担。

问题解答 在合同履行过程中，风险是不可避免的，而如果风险的发生与当事人双方都无关系，那么该风险由谁来负担就成了一个问题。对于买卖合同中的风险负担，一般情况下是以交付为界，即谁实际掌控着物品就由谁承担风险。然而，在特殊情况下有不同规定。张翠花和某辣椒酱生产公司之间已就辣椒籽质量问题进行过约定，张翠花提供的辣椒籽发生霉变，导致该公司的合同目的不能实现，属于根本违约，公司可以拒绝接受或解除合同；因质量问题被退回的货物，退运途中的风险由出卖人，即张翠花承担。另外，在农业的生产、运输和销售等环节中，还可以通过购买农业保险来增强抗风险能力。

25 电商平台购物货物毁损灭失风险何时转移呢？

2022年，某村“笨鸡蛋”农产品正式“上线”销售。自上线伊始，“笨鸡蛋”销量就十分不错，每天销售额能保证在2000元左右，这对于地理位置较为偏僻的小山村而言可是一笔不小的收入。但是，“笨鸡蛋”虽好，但不易运输，经常在快递员送给顾客之前就有部分被碰碎了。此时，商家赔偿顾客后也觉得自己十分冤屈。那么，在电商平台购物，货物毁损灭失风险到底自何时转移呢？

法条指引 《中华人民共和国民法典》第六百零四条 标的物毁损、灭失的风险，在标的物交付之前由出卖人承担，交付之后由买受人承担，但是法律另有规定或者当事人另有约定的除外。

《中华人民共和国电子商务法》第五十一条 合同标的为交付商品并采用快递物流方式交付的，收货人签收时间为交付时间。合同标的为提供服务的，生成的电子凭证或者实物凭证中载明的时间为交付时间；前述凭证没有载明时间或者载明时间与实际提供服务时间不一致的，实际提供服务的时间为交付时间。

合同标的为采用在线传输方式交付的，合同标的进入对方当事人指定的特定系统并且能够检索识别的时间为交付时间。

合同当事人对交付方式、交付时间另有约定的，从其约定。

问题解答 原则上标的物毁损灭失风险在交付之前由出卖人承担，交付之后由买受人承担。依据《中华人民共和国民法典》第六百零四条的规定，原则上货物毁损、灭失的风险，在标的物交付之前由出卖人承担，交付之后由买受人承担。同时依据《中华人民共和国电子商务法》的规定，合同标的为交付商品并采用快递物流方式交付的，收货人签收时间为交付时间。因此，网购商品毁损灭失风险自顾客签收商品时移转至顾客手中。如果在此之前货物就已经毁损灭失的，则应由商家承担相应风险。因此，针对“笨鸡蛋”在快递运送途中就已经损坏的情形，商家应当赔偿顾客遭受的损失。商家在赔偿顾客遭受的损失之后，可以向有过错的运输者追偿。

26 对赠品的质量也要负责吗?

牛有才特价农副产品超市做活动,买大米送鸡蛋,黄东贵买了几袋大米,获赠了20颗鸡蛋,当晚回家就做了炒鸡蛋下饭吃。不料黄东贵吃完饭就感到肠胃不适,上吐下泻,去医院检查原来是因为吃了不新鲜的鸡蛋。黄东贵找到牛有才要求理赔,牛有才却说鸡蛋是赠送的,本来就是亏本生意,而且黄东贵又没付钱,出了问题应该由黄东贵自己负责。请问牛有才对赠品的质量要负责吗?

法条指引 《中华人民共和国民法典》第六百六十二条第一款　赠与的财产有瑕疵的,赠与人不承担责任。附义务的赠与,赠与的财产有瑕疵的,赠与人在附义务的限度内承担与出卖人相同的责任。

《最高人民法院关于审理食品药品纠纷案件适用法律若干问题的规定》第四条　食品、药品生产者、销售者提供给消费者的食品或者药品的赠品发生质量安全问题,造成消费者损害,消费者主张权利,生产者、销售者以消费者未对赠品支付对价为由进行免责抗辩的,人民法院不予支持。

问题解答 需要负责。乡村振兴包含了维护农村食品质量安全的要求，不论是农村的食品经营者还是食品消费者都有义务维护好农村食品安全的环境。商家附赠消费者商品是促进销售的常用手段，但就赠品质量问题常常发生纠纷，双方各执一词，商家往往以赠品免费、概不负责作为辩驳理由，消费者亦不知如何维权。从牛有才的角度出发，送鸡蛋的前提是购买大米，因此牛有才提供给黄东贵的鸡蛋并非无条件，而是附加了购买大米的义务的，牛有才要承担相当于出卖了鸡蛋的责任。并且，最高人民法院对消费者的食品消费安全有特殊保护规定，牛有才不能以作为食品的鸡蛋是赠品作为免除责任的理由。

27 未及时检验货物质量瑕疵，还能要求出卖人担责吗？

李大虎装运一车大米到米厂销售，管理人员对大米过磅结算后，向李大虎出具了一份载明详细情况的收货单。米厂向李大虎支付了货款3万元，还有余款未付。一个月后，李大虎再次催收，米厂辩称在加工该批大米时，发现部分存在霉变现象，加工的大米全部被客户退货，米厂因此损失近2万元，因此拒绝支付余款。米厂可否以大米质量有缺陷为由拒付余款？

法条指引 《中华人民共和国民法典》第六百二十三条 当事人对检验期限未作约定，买受人签收的送货单、确认单等载明标的物数量、型号、规格的，推定买受人已经对数量和外观瑕疵进行检验，但是有相关证据足以推翻的除外。

问题解答 米厂不能拒付余款。买卖合同中，出卖人应当承担瑕疵担保责任，但是出卖人对标的物质量瑕疵的担保义务并非没有时间限制，买受人应当在合理期限内对标的物进行检验，以便于尽快确定标的物的质量状况，及时发现问题和明确责任，加速商品流通。李大虎和米厂之间未明确约定检验期限，米厂应当在合理期限内对大米质量进行检验，且米厂已经出具收货单，可以推定其已经对数量和外观瑕疵进行检验，米厂事后一月才以大米有霉变现象拒付余款，既超过合理期限，又缺乏相关证据，抗辩理由不能成立。

28 分期付款不再支付，出卖人可以怎么做?

王二喜将一辆收割机转让给李大虎收割小麦，转让协议里约定收割机价款8万元，分10期付款，李大虎每月支付8000元。王二喜将收割机交给李大虎，在前半年李大虎都按时支付车款，但后来在一次使用过程中收割机损坏了，李大虎便停止了使用，也停止了付款。尽管王二喜催促了2个月，李大虎也不再支付剩余的3.2万元。请问王二喜可以怎么做?

法条指引 《中华人民共和国民法典》第六百三十四条　分期付款的买受人未支付到期价款的数额达到全部价款的五分之一，经催告后在合理期限内仍未支付到期价款的，出卖人可以请求买受人支付全部价款或者解除合同。

出卖人解除合同的，可以向买受人请求支付该标的物的使用费。

问题解答 分期付款即在指定期间内把总价款至少分三次支付，李大虎把8万元购车款分10期支付，符合分期付款的要求。李大虎不再支付的剩余价款3.2万元已经达到全部价款8万元的五分之一(1.6万元),因此根据民法典规定,出卖人王二喜可以催告李大虎在合理期限内继续支付,若在合理期限内李大虎仍不支付,则王二喜可以请求李大虎付清全部价款或解除合同,请求李大虎归还收割机,并且要求李大虎支付使用收割机期间的使用费。

29 租来的农用机器能不能自行改装?

春耕时节,李大强向刘铁柱租借了一辆播种机为小麦播种,租期为三个月。在使用过程中,李大强嫌播种机的噪声太大,于是私自对机器的某些零部件进行改装,机器噪声果然小了很多。三个月后,刘铁柱将播种机收回,发现播种机总是无故熄火,由于播种机还处于“三包期”,刘铁柱找到商家主张三包责任。商家告诉刘铁柱,播种机被改装过,导致对故障原因无法做出技术鉴定,因此刘铁柱不能主张三包责任。刘铁柱确实发现播种机噪声小了点,怀疑是李大强改装过,于是找到李大强询问,李大强非常得意地承认了,还说自己动手能力强,把机器改得更好了,刘铁柱应该感谢自己。请问李大强的做法正确吗?

法条指引 《中华人民共和国民法典》第七百一十五条第二款 承租人未经出租人同意，对租赁物进行改善或者增设他物的，出租人可以请求承租人恢复原状或者赔偿损失。

《农业机械产品修理、更换、退货责任规定》第三十八条 销售者、生产者、修理者能够证明发生下列情况之一的，对于所涉及部分，不承担三包责任：

（一）因未按照使用说明书要求正确使用、维护，造成损坏的；

（二）使用说明书中明示不得改装、拆卸，而自行改装、拆卸改变机器性能或者造成损坏的；

…………

（五）因不可抗力造成损坏的。

问题解答 李大强的做法不对。农业机械化有效地解放了生产力，在农产品的增收、增产、增质等方面发挥了极大作用，如何正确合理地使用农业机械设备是农民们应当积极学习的一门课程。对农机私自改装的行为属于法定的商家不承担三包责任的情形，农户应按照使用说明的要求合理使用农机，不得擅自对农机进行改装、拆卸等，否则可能因自行处理不适当从而无法享受三包服务。对租来的机器设备进行自我感觉良好的改变，却有可能导致原物的经济价值、使用价值等发生变化，进而影响到出租人的权益，因此承租人若要对租赁物进行改善或增设他物，必须先取得出租人的同意。李大强没有事先经过刘铁柱的同意，私自改装了播种机，导致机器损坏，需要对刘铁柱承担赔偿责任。

30 资金不足又不想抵押，还可以用什么方式购买农机？

刘铁柱想贷款10万元购买两辆粮食烘干机，而信用社联保只能批6万元，刘铁柱为此很是苦恼。有经验的李大虎告诉刘铁柱，有一种方法可以让刘铁柱用上机器，而且只要每月支付一点租金，到一定时间机器就可以归自己所有了。刘铁柱感到很新奇，请问这是一种什么样的方法呢？

法条指引 《中华人民共和国民法典》第七百三十五条 融资租赁合同是出租人根据承租人对出卖人、租赁物的选择，向出卖人购买租赁物，提供给承租人使用，承租人支付租金的合同。

问题解答 这种方式称为融资租赁，集融资和融物于一体，可以有效解决传统的靠银行贷款购机中的贷款额度不足、放款周期长等问题。一般的操作流程是：专业的融资机构先按照农户的要求挑选机器并支付购机款，将机器交给农户使用，双方约定租金和租期，在使用期间农户按时交付租金，且除非是特殊情况农户不得退机。在整个租赁期间农机实际上归融资机构所有，只有在租期完成后才将农机的所有权变更至农户名下，简单来说就是“先租后买”。因此对于资金不足又不想抵押的刘铁柱来说，融资租赁是一种可考虑的方法。

31 定作人可以随时解除合同吗？

李大虎准备将今年采摘的茶叶加工成茶饼在网上销售，听闻张翠花善于制作茶饼，于是将茶叶加工工作交给张翠花来完成。加工进行一段时间后，李大虎又听说最近小罐茶比较火，且制作的成本也比茶饼低，于是向张翠花提出解除合同。张翠花称自己已经完成一部分加工了，前期也做了很多准备工作，李大虎不能这样突然解除合同。请问李大虎可以解除合同吗？

法条指引 《中华人民共和国民法典》第七百八十七条

定作人在承揽人完成工作前可以随时解除合同，造成承揽人损失的，应当赔偿损失。

问题解答 李大虎可以解除合同，但要赔偿损失。大力发展农产品深加工、精加工，可提升农业产业效益，提高农产品附加值，增加农户收入，带动农业产业提质增效。本例中李大虎与张翠花之间成立的是承揽合同，由李大虎负责提供原料，而承揽人张翠花对原料进行加工并交付成果。作为定作人的李大虎，可以不需要任何理由、无条件地解除和张翠花之间已经成立的承揽合同。这是由承揽合同的性质所决定的，承揽合同的形成依赖于定作人对承揽人的信任，李大虎由于某些原因不再需要张翠花完成工作，尽快解除合同可以避免资源浪费。但这些权利的行使是有限制的，即定作人必须在承揽人完成工作前及时发出通知，并对因解除合同给承揽人造成的损失给予赔偿。

32 提供技术服务产生的创新成果归谁所有？

吴进宝承包了几百亩锥栗园，在他之前的承包商都是亏本经营，但在吴进宝过硬的技术支撑下产量明显增加，扭亏为盈，当地的种植户对该果园的果实品质以及吴进宝的技术赞叹有加，纷纷请求吴进宝的指导帮助。某公司亦慕名而来，请吴进宝帮忙指导管理一直收成不佳的500亩锥栗山场，双方协商拟定了一份协议，约定由吴进宝负责技术指导，该公司提供工作条件以及支付技术指导费。吴进宝兢兢业业，尽职尽责，竟研发出了改良的锥栗品种，可双方对该项技术成果归属产生了争议。请问该项新技术归属于谁？

法条指引 《中华人民共和国民法典》第八百八十五条 技术咨询合同、技术服务合同履行过程中，受托人利用委托人提供的技术资料和工作条件完成的新的技术成果，属于受托人。委托人利用受托人的工作成果完成的新的技术成果，属于委托人。当事人另有约定的，按照其约定。

问题解答 这项新技术归属于吴进宝。农业技术服务是现代农业发展的一大推动力，主要内容包括改良和发展农产品品种，提高农产品产量、质量和农业操作的质量，降低资源消耗，推广技术成果等有关技术服务。吴进宝与公司之间拟定的协议属于农业技术服务合同，公司是委托人，吴进宝是受托人。虽然公司提供了技术资料和工作条件等，但真正实施技术指导的是吴进宝，对新技术的主要内容做出实质性贡献的也是吴进宝，在一般情形下应遵守“谁完成归谁所有”的原则，且双方在事前并没有进行过相关约定，因此新的技术成果应归属于吴进宝。

33 免费替人保管的物品损坏了，是否需要承担责任？

李大虎将今年的小麦做成面粉，因自家空间不够，便存放在同村李大强的仓库里。李大虎和李大强相识已久，跟李大强打过招呼后，李大虎就放心离开了。某天李大强出门打牌，忘记关仓库的门窗，恰好下起了大雨，李大虎有点儿担心，打电话给李大强却一直未接通，于是自己冒雨到仓库去查看，果然已经有大量雨水涌进仓库的地面，屋顶也在漏水，大量面粉已经遭殃了。李大虎找李大强要赔偿，李大强称自己也是出于好心，又没有收费，况且又不是故意弄坏的，李大虎这是“狗咬吕洞宾”。李大虎有苦说不出，请问李大虎可以请求李大强赔偿损失吗？

法条指引 《中华人民共和国民法典》第八百九十七条 保管期内，因保管人保管不善造成保管物毁损、灭失的，保管人应当承担赔偿责任。但是，无偿保管人证明自己没有故意或者重大过失的，不承担赔偿责任。

问题解答 可以。保管人应当对保管物尽到妥善保管的义务。无偿保管合同常常发生在较亲近的双方当事人之间，但并不意味着保管人可以免除义务。李大虎和李大强之间已经达成了无偿保管合同，李大强作为无偿保管人也需要尽到一定程度的注意义务，在面粉毁损、灭失后，李大强需要证明自己没有故意或者重大过失，才可以不承担赔偿责任，李大强对于面粉的毁坏虽然没有故意，但是存在疏忽大意的情况，属于重大过失，因此仍然要承担赔偿责任。只有在无偿保管人存在一般过失、轻微过失的情况下，才可以不用承担赔偿责任。

34 退伙时，合伙人投资款是否返还?

吴进宝、黄东贵和张翠花签订了一份《葡萄园合作协议》，三人分别出资30万元、20万元和15万元，共同投资设立和经营一个葡萄园种植巨峰葡萄，并约定按投资比例分配利润。经过三年共同努力，葡萄园不断取得收益，但还未进行过利润分配。后来吴进宝与其他两人发生矛盾，遂要求退出合同并拿回自己投资的30万元及利润分配。吴进宝可否直接要求返还合伙时的投资及分配利润?

法条指引 《中华人民共和国民法典》第九百六十九条 合伙人的出资、因合伙事务依法取得的收益和其他财产，属于合伙财产。

合伙合同终止前，合伙人不得请求分割合伙财产。

问题解答 吴进宝不能直接要求返还合伙时的投资及分配利润。合伙关系的形成以合伙人之间的信任为基础，当这个信任基础散失时，则面临着散伙以及财产分配等问题。订立书面合伙合同时应对合伙的出资、合伙事务的管理、合伙利润分配及亏损的分担、合伙的期限、入伙、退伙以及合伙纠纷的处理等方面进行具体详细的约定，避免纠纷的产生。合伙人的出资属于合伙财产，合伙出资的返还若未事先在合伙合同中约定，无法直接要求返还，只有经过合伙清算后才能进行合同财产的分配。因此吴进宝不能直接要求返还合伙时的投资及分配利润。

35 顾客在农家乐场所内因地面湿滑摔倒受伤，商家需要赔偿吗？

村民钱小牛极其擅长制作特色菜花椒鸡，其精湛的手艺远近闻名，清明假期诸多顾客慕名而来。正所谓清明时节雨纷纷，今年清明假期全国不少地方都下起了小雨，钱小牛所在的村也不例外。由于慕名而来的顾客较多加之雨天道路泥泞，店内地面湿滑，顾客王美丽前脚刚走进店内就不慎跌倒。事故造成王美丽手臂轻微擦伤，支出医药费200元。那么，店家需要对顾客遭受的损失予以赔偿吗？

法条指引 《中华人民共和国民法典》第一千一百九十八条第一款 宾馆、商场、银行、车站、机场、体育场馆、娱乐场所等经营场所、公共场所的经营者、管理者或者群众性活动的组织者，未尽到安全保障义务，造成他人损害的，应当承担侵权责任。

问题解答 需要。依据《中华人民共和国民法典》第一千一百九十八条的规定，经营场所的经营者未尽到安全保障义务，造成他人损害的，应当承担侵权责任。下雨天地面湿滑，店家应当组织员工及时清洁地面并设置明确的警示标志，尽力避免发生顾客摔倒的事故。本案例中，店家由于生意过于火爆而疏于对店铺地面的清洁与打扫，同时也未设置警示标志提醒顾客地面湿滑，因此店家并未尽到法律规定的安全保障义务，理应对顾客因此而遭受的损失予以赔偿。

36 顾客在农家乐场所内就餐因第三人行为遭受损害，商家需要赔偿吗？

村民钱小牛极其擅长制作特色菜花椒鸡，很多顾客慕名而来。由于生意过于火爆，两位顾客在店内因为排队的事宜发生争吵并发生推搡，造成正在店内排队的另一位顾客不慎摔倒。那么商家需要赔偿摔倒顾客因此而支出的医药费吗？

法条指引 《中华人民共和国民法典》第一千一百七十五条 损害是因第三人造成的，第三人应当承担侵权责任。

《中华人民共和国民法典》第一千一百九十八条第二款 因第三人的行为造成他人损害的，由第三人承担侵权责任；经营者、管理者或者组织者未尽到安全保障义务的，承担相应的补充责任。经营者、管理者或者组织者承担补充责任后，可以向第三人追偿。

问题解答 不需要。依据《中华人民共和国民法典》的有关规定，因第三人的行为造成他人损害的，由第三人承担侵权责任；经营者、管理者或者组织者未尽到安全保障义务的，承担相应的补充责任。换言之，如果经营者、管理者或者组织者尽到相应的安全保障义务，经营者、管理者或者组织者就不必承担相应的责任。本案例中，顾客摔倒的直接原因系另外两位顾客的推搡行为所致，只要不存在地面湿滑等其他足以证明商家对顾客摔倒具有过错的证据，那么就应当由推搡的顾客直接向摔倒的顾客承担相应的侵权责任。

37 个人劳务提供者因工受伤，接受劳务者需要承担赔偿责任吗？

村民钱小牛决定对自家老宅进行彻底整修。于是钱小牛聘请了同村村民赵大牛和牛大宝与自己一同整修自家老宅。赵大牛在进行内墙装饰的过程中，不慎撞碎窗户玻璃，导致溅落的玻璃碎片划伤正在楼下聊天的牛大宝，牛大宝为此支出医疗费100余元。那么，钱小牛需为此承担牛大宝支出的医疗费吗？

法条指引 《中华人民共和国民法典》第一千一百九十二条　个人之间形成劳务关系，提供劳务一方因劳务造成他人损害的，由接受劳务一方承担侵权责任。接受劳务一方承担侵权责任后，可以向有故意或者重大过失的提供劳务一方追偿。提供劳务一方因劳务受到损害的，根据双方各自的过错承担相应的责任。

提供劳务期间，因第三人的行为造成提供劳务一方损害的，提供劳务一方有权请求第三人承担侵权责任，也有权请求接受劳务一方给予补偿。接受劳务一方补偿后，可以向第三人追偿。

问题解答 需要。依据《中华人民共和国民法典》第一千一百九十二条规定，个人之间形成劳务关系，提供劳务一方因劳务造成他人损害的，由接受劳务一方承担侵权责任。换言之，接受劳务者需要为提供劳务者的行为买单。接受劳务者承担相应的责任之后，可以向有故意或者重大过失的提供劳务一方追偿。本案例中，赵大牛是在正常施工的过程中不慎将窗户撞碎，他并无故意或者重大过失，因此钱小牛在承担相应责任后不能向赵大牛进行追偿。这也是接受劳务者固有的风险，其在聘请劳务人员的过程中需要将此风险考虑进去，并在作业的过程中要求劳务提供者严格遵守安全作业规范。